FSC

www.fsc.org

MIXTE

Papier issu
de sources
responsables
Paper from
responsible sources

FSC® C105338

AF142748

L'encre des maux
Tome 1
D'elle à Il, la complétude

Valérie Battaglia

L'encre des maux
Tome 1
D'elle à Il, la complétude

ISBN : 978-2-3224-5166-1
Édition : BoD – Books on Demand, info@bod.fr
Impression : BoD – Books on Demand, In de
Tarpen 42, Norderstedt (Allemagne)
Impression à la demande
Dépôt légal : septembre 2022

A mes enfants, Florence et Pierre, je vous aime,
A Wim, ma Merveille d'Amour,
A Mallow, la plus belle et la plus pure étincelle d'esprit,
A la Source pour son inspiration chuchotée chaque jour,
A mes grands-parents,
A mes parents,
A mes amis,
A vous tous qui à travers vos émotions ferez vivre ce livre,
A la Vie…. Et à moi pour oser…

ELLE

1. La nouvelle page

C'est une période où elle se dit que c'est vide, il ne se passe rien, elle n'a pas de réponse, elle ne sait plus quoi faire, elle ne sait pas comment rebondir, elle ne sait pas ce qu'il va advenir pour la suite… c'est une invitation à lâcher prise et laisser le cycle de la vie faire son œuvre.

Elle se sent en échec et elle se relève. Un pas après l'autre. Elle s'est sentie emprisonnée, dans le contrôle, étouffée.

Elle était dans un environnement de personnes dans la critique, le mal-être, négatives, qui tirent vers le bas. Et cela la ramène à sa propre souffrance. Elle décide de reprendre sa vie en mains en se détachant d'un environnement dans lequel elle s'est enterrée, laissée malmener, a autorisé et a participé à tout cela. Une dynamique revient. Ouverture du cœur.

Dans notre société, beaucoup de personnes non-connectées, non présentes à elles-mêmes et non-conscientes ne se rendent pas compte qu'elles puisent l'énergie lumineuse et elle était épuisée. Ces personnes nourrissent une énergie « on n'a pas le droit au bonheur, on n'a pas le droit de réussir ».

Elle avait donc planté de mauvaises graines. Celles qui pourrissent son arbre de vie. C'est douloureux car cela attire à elle des personnes jalouses, fausses, fourbes, méchantes, dans le contrôle, le jugement, la critique, qui veulent diriger et qui nourrissent un état d'être, un état d'esprit qui nous mettent en rupture avec les personnes qui nous tirent vers la lumière, qui nous tirent vers le haut, qui sont dans des énergies créatrices, inspirantes, des personnes libres, lumineuses. Elles donnent et reçoivent car elles sont libres de leur souffrance, de leur bagage du passé.

A travers cette rupture, ce moment très douloureux, ces personnes libres rayonnent davantage car elles surmontent ces épreuves et montrent un chemin, une nouvelle voie. Elle ne l'avait pas vu avant. Elle pensait que ces personnes étaient l'objet de sa souffrance. Alors qu'elles montraient une voie libératrice.

C'est la fin d'une manière de faire. Se renouveler. Sa façon de faire n'a pas fonctionné. Pourtant elle était si sûre. Elle s'en demandait trop. Elle n'en peut plus. Et ça a créé une rupture. Une rupture libératrice comme couper le cordon ombilical. Elle vole à présent de ses propres ailes mais pour l'instant, elle le vit comme une chose très douloureuse.

Elle est déterminée à surmonter la douleur, à aller au-delà car elle sait que, en gardant la tête hors de l'eau, en poursuivant ses efforts, en étant courageuse, forte, persévérante, connectée à la nature, les pieds sur terre et la tête dans les étoiles, en poursuivant cette voix-là, elle renait et se libère de souffrances, de blessures. Se recréer, se redéfinir, se réinventer

Son défi est d'accepter que les choses ne se déroulent pas comme elle voudrait que cela se déroule. Elle était trop dans le contrôle. Ces évènements lui apprennent à se libérer de certaines choses et vivre une vie de liberté en retirant le poids de la souffrance. Car elle est libre en fait ! Elle retrouve ainsi de la vitalité, de la passion, de l'engouement, de l'envie. Elle réapprend à prendre soin d'elle, elle se réconcilie avec la douceur et la bienveillance pour elle-même.

Ce n'est pas la fin du monde même si elle en a l'impression. Ce n'est pas fini. C'est juste qu'elle a besoin de libérer quelque chose.

Elle fait face à ses souffrances, non pas en les nourrissant mais en allant vers la lumière. La souffrance est un choix qu'elle ne fait plus. Elle rééquilibre ses énergies et revient à des choses beaucoup plus saines, beaucoup plus naturelles. Elle a besoin de s'isoler, réfléchir, avancer avec sagesse. Elle a besoin d'apprendre de sa souffrance, de refaire le point sur ce qui compte vraiment et sur la notion d'être, de faire et d'avoir.

Elle a le soutien de proches, d'amis de galère qui évoluent, qui ont envie de faire de leur vie quelque chose d'inspirant. Elle n'est pas seule. Ne l'a jamais été.

Elle sait se protéger à présent, dire stop à la toxicité de la vie.

Elle est liberté. Libre de faire ses choix. Elle a toujours eu le choix et l'aura toujours. Sa prison est mentale. Et ce cycle se termine. Elle l'a nourri bien trop longtemps.

Beaucoup d'angoisses. Elle s'est perdue dans des profondeurs. Sa souffrance lui permet de créer la faille qui laisse passer la lumière. C'est l'inconnu, elle ignore ce qu'il va se passer. Elle a besoin de se reconnecter à elle-même, à la vie, à son essence. Et voir ce qu'elle a envie d'en faire. Sortir des conditionnements de la société.

Elle décide d'arrêter d'être dans le contrôle, de faire des plans, de tout organiser, de tout décider.

Elle sait que de nouvelles rencontres, de nouvelles personnes, de nouveaux échanges, de nouvelles activités, passions viennent à elle. Du partage, de la bienveillance, de la douceur, de la tendresse, de l'amour. Elle le sent...

Elle a compris qu'il n'y a pas de bon ou de mauvais choix. Elle mène à présent la vie qu'elle décide de mener. Alors elle crée à sa manière. Elle devient enfin l'artiste de sa propre vie dans l'amour et le respect d'elle-même.

Elle prend alors le temps de savoir où est sa vérité, son authenticité, sa sagesse. Elle est en paix. Elle est protégée. Elle se pardonne. Elle s'aime... d'autres graines. Elle accueille le chemin de la renaissance. Elle accepte l'expérience de la vie.

Sa vie est un miroir formidable qui lui montre là où elle en est. Ce qu'elle voit chez les autres est une invitation à se guérir de quelque chose.

Elle avance en appréciant la personne qu'elle est.

En montrant une fausse image d'elle-même, elle s'est éloignée de son véritable être.

Ancre-toi ! Connecte-toi à la nature ! Apaise ton mental ! Reviens sur terre ! Ne rien faire ! Être présente ! Juste présente ! Être !

Nouveau commencement, passion, rêve, prospérité, abondance ! L'espoir d'amour, une rencontre, la naissance d'un couple, d'une relation. Un amour honnête, loyal, équilibré, réciproque, complice, entier, puissant.

2. Ca va vite !

Elle a une décision importante à prendre. Elle passe de l'étape de choisir de nourrir son malheur VS s'aimer. Cette décision lui fait peur car elle sait que c'est pour du long terme. Elle a la volonté de faire face à ses peurs. Elle a le courage. Elle sait qu'au-delà de sa peur, quelque chose de merveilleux l'attend. C'est la fin de l'apprentissage. Elle attire à elle l'expérience pour ce nouveau départ. Les peurs sont des mirages, des doux leurres.

Et face à cette décision importante, elle ressent le besoin de calme, de se recentrer sur elle, de calmer son esprit et de laisser parler son cœur.

Ses perceptions changent. Ses croyances ne sont plus en accord avec sa réalité. Elle est comme sur des sables mouvants : elle quitte l'ancien pour aller vers le nouveau. Elle est comme dans un sas entre deux mondes. Elle voudrait pouvoir fuir, revenir en arrière. Que tout redevienne comme avant. Pourtant bien installée sur une barque au milieu d'un lac, elle tient d'une main la rive du passé, qu'elle sait être vital de lâcher, et son regard est déjà tourné vers l'autre rive : son destin. Va-t-elle prendre la direction d'une vie qui lui correspond ?

Elle parle à son chat, aux guides, aux anges, arc-anges, à Dieu. Pose ses mains sur son cœur. Flirte avec sa foi qui lui dit tout bas : « vas-y... je suis là. Déchire le voile du doute, des peurs... avance en confiance. L'Univers te tend ses bras pour te soutenir, te porter et te consoler aussi... si tu tombes, ce sera dans mes bras... »

Besoin d'un temps de pause pour se recharger car elle change d'état d'esprit. Elle nourrit son arbre de vie, elle fait des choix pour elle, elle avance, elle évolue par rapport à un état d'être, une façon de penser. Alors pourquoi des angoisses et du stress ? Car elle se prépare à ce nouveau départ, cette nouvelle route : le risque, l'audace ! Que de guérison : paix intérieure, sérénité retrouvée ! Etre authentique, être vérité, être amour... elle part gagnante même si cela lui demande beaucoup de travail, de concentration. Elle a encore des choses à régler. Quelque chose se met en place. Elle s'autorise à prendre le temps. Elle rééquilibre d'abord ses énergies. Elle est prête à bouger, à agir. Pour l'instant elle se renseigne, s'informe, observe, s'observe, réfléchit. Elle regarde tout dans les détails, ce n'est pas de la méfiance, elle fait cela en sagesse, avec maturité.

Quel défi : gérer ses émotions ! Il est important que ce soit juste, qu'elle ait sa part. C'est une belle transformation. Ca la chahute, la bouscule. Elle était attachée à tant de choses qu'elle ne voulait pas affronter. C'était ainsi, il ne fallait pas y toucher, ne rien bouger. Et là il se passe quelque chose...

Elle saisit sa chance. C'est le moment. Car la chance non saisie partira. Ca lui fait peur mais cette opportunité ne se représentera pas. C'est un grand bouleversement. Le choix c'est maintenant. La décision est rapide. Une porte s'ouvre. Son cœur palpite. Ce sont ces situations de vie où la décision est prise sur un claquement de doigts et qui laissent très peu de temps pour s'organiser.

L'inattendu, le cadeau : renaissance, grandeur d'âme, sortir de sa zone de confort, faire le deuil du passé, croire, avoir la foi que les choses s'améliorent.

Elle accouche d'elle-même. Elle se lance vers de nouvelles aventures qui vont lui apporter équilibre, vérité, paix, loyauté, honnêteté.

Beaucoup d'émotions. Elle a du mal à les exprimer tant elle est surprise.

La décision finale lui appartient. Patienter est la clef de la réussite.

Elle accepte sa responsabilité avec sagesse et maturité afin que la solution émerge.

Elle fait tomber les barrières, les protections. Relève la tête et va de l'avant. Elle lâche le passé.

3. Qui paie l'addition ?

Vivre de manière libre, choisir sa liberté, clamer son indépendance.

Est-ce qu'elle se sent libre, légère, en vie ? Elle se dit vouloir être libre et, en même temps, elle craint de s'engager dans certaines situations. En fait c'est en elle qu'elle se sent prisonnière. La liberté est un état d'esprit. C'est à elle de définir sa perception de la liberté et d'être en accord avec ça. De faire ce qui est juste et bon pour elle. Est-ce que ses pensées la frustrent ? Oui ! Alors, imagine et conçois !

Et puis cette dépendance vis-à-vis des autres, de leur regard, de la loyauté envers sa famille. Elle a tant voulu faire plaisir qu'elle s'est oubliée. Elle s'est enfermée dans un mode de vie où il lui manque de l'espace. Alors, elle cherche en elle cet espace où elle se sent bien, où elle se sent à sa place.

Elle pensait que pour se libérer elle devait aider l'autre, alors que c'est en se libérant elle-même qu'elle montre le chemin à suivre. Et chacun est libre de le suivre... ou pas ! Chacun évolue en son temps. Alors, elle s'éloigne de ceux qui ne changeront pas. Attendre que les autres changent, c'est comme espérer être malheureuse toute sa vie.

Doit-elle accepter les autres tel qu'ils sont et changer sa façon d'être, de penser ? Pourquoi devrait-elle toujours se remettre en question ? A quel prix pour elle ? Qui paie l'addition ? Bien sûr, il y a des bagages à lâcher pour avancer de manière plus sereine dans sa vie. Elle se libère de la croyance de ne pas être aimée, d'être rejetée, abandonnée. Et surtout elle cesse de se vêtir du personnage qu'elle croit que les autres attendent d'elle !

Enfin, elle ose.

4. La vie qui danse ! Elle danse la vie !
   Danser avec le rythme de la vie !
   La musique de la vie… la danse du corps
   qui voyage !
   Si elle vous dit « danse », à quoi pensez-
   vous ?

5. Se choisir

On ne se sacrifie pour personne. A chacun de se choisir !

Elle a cette idée de se « sacrifier » de manière positive, comme un acte héroïque et ce qu'elle pense être juste.

De quoi faut-il se délivrer pour revenir dans le juste ? De quoi faut-il rester « sacrifiée » car elle sent que c'est une chose positive et nécessaire (comme les liens d'âme, la spiritualité, l'espoir...) ?

Cela lui a pris du temps pour être sa meilleure amie et faire le choix entre ce qu'elle estime être un « bon » et un « mauvais » sacrifice. Quand elle a su, en son âme et conscience, sans penser à qui ou à quoi que soit, elle a choisi.

Parfois les valeurs altruistes rejoignent les valeurs personnelles. Alors elle agit. Dans cette action victorieuse, il est important de suivre le courant en supprimant au maximum les peurs, les mauvaises pensées car il y aura toujours des choses cachées, des mystères, l'influence des pensées des autres (de manière positive ou pour l'induire en erreur), le fait qu'elle ne sait pas si c'est du rêve, du fantasme, de l'imagination, de l'illusion. Elle choisit donc avec sagesse et justesse pour elle et pour les autres à grande échelle. Elle se choisit elle et envoie un message à sa famille universelle par ses choix, ses décisions. Elle puise sa force et son courage dans sa foi. Elle se laisse guider par sa famille d'âme (ces amis qui l'aiment quoi qu'il arrive) et par les êtres désincarnés aussi. Et ne se laisse pas perturber par l'obscurité qui tente de la déstabiliser et qui vient la tester.

Elle fête alors ses retrouvailles avec elle-même. Elle écoute ses intuitions pour écouter sa vérité. Choisir. Et agir avec intelligence car elle sait que chacune de ses actions, chacune de ses pensées, chacun de ses choix influencent l'Univers, ont un effet sur l'infiniment grand. Elle a conscience de cette puissance.

6.   Quand la lumière frappe à votre porte

Déployer ses ailes et s'envoler. Briller sa lumière. Montrer qui elle est au monde. Et lui montrer de quoi elle est faite.

Certaines situations ne résonnent plus avec qui elle est à présent. Ca la met encore en colère. Elle apprend à exprimer son émotion de manière saine par le chant, la danse, la marche, l'écriture, etc. Ces façons de faire la mettent en sécurité. Elle sait que la colère est une énergie qui ronge de l'intérieur et qui peut se manifester dans le corps si elle n'est pas exprimée. La colère est une émotion qui fait juste son job et lui indique que quelque chose n'est pas encore réglé. Elle l'accueille, l'honore, l'évacue et passe à autre chose.

Elle ne se protège plus : elle montre qui elle est.

Aujourd'hui, elle s'entoure de personnes qui sont amour, positives, joie, qui vibrent de la même manière qu'elle. Cela n'a pas été facile. Cela a pris du temps. Mais Elle vous assure qu'en vous éloignant de ce qui est toxique, vous attirez à vous de nouvelles personnes, de nouvelles situations plus en accord avec vous-même. Elle vous promet qu'il y a sur cette Terre, tout autour de vous, des personnes aimantes. Si si, c'est vrai. Juste déployez vos ailes, envolez-vous et montrez de quoi vous êtes capable.

Tout d'abord, avoir le déclic : STOP les codépendances, les personnes toxiques, les environnements qui vous tirent vers le bas. Ne pas rester latent, inactif au risque de passer à côté d'opportunités. Les saisir. Lever la tête. N'attendez pas que les choses viennent à vous : quand j'aurais ci, ça... Sortez de l'indécision, de l'attente, d'une situation qui a duré trop longtemps, qui vous a déjà trop fait perdre. S'il n'y a plus rien si ce n'est ignorance, attente, non-dits, silence... laissez ce qui est mort, destructeur. Ne vous entêtez pas.

Ne pas remettre au lendemain... Vous laissez derrière vous une situation insatisfaisante où vous n'étiez pas légitime, reconnu. Si vous voyez que rien de bouge, que rien de changera jamais, c'est que votre bonheur est ailleurs.

Puis, prendre une décision. Quitter le sombre pour aller vers le soleil. Le destin s'en mêlera pour vous donner force et courage.

C'est à vous de faire le dernier pas pour déclencher ce cataclysme qui va tout changer : nouvelle idée, projet, inspiration. Cela vous coupe de la monotonie, vous rompez avec l'ennui. Soyez en action, bougez. La décision vous sort de l'illusion, du mensonge envers soi-même. Vous avez un projet ? Ayez la foi, y croire ! Vous êtes guidé. Regarder les signes de la Vie.

Partez vers de nouvelles aventures ! Sortez de votre coquille ! Cessez de vous protéger sans cesse et devenez la meilleure version de vous-même ! Remettez de l'ordre dans votre vie.

Certaines personnes, dans la lutte de pouvoir, tenteront de vous retenir. Alors soyez discrets sur vos idées, vos envies. Soyez discrets avec qui vous partagez vos projets car des personnes, bien malgré elles, ne veulent pas votre réussite, vous enferment, vous isolent, jouent sur les sentiments, portent des masques. C'est ainsi... et peu importe ! Vous avez maintenant suffisamment de hauteur, vous prenez la direction de l'harmonie, de ce qui vous fait du bien, qui vous anime, qui vous fait vibrer le cœur.

Croyez en votre bonne étoile.

Autorisez-vous à vivre vos rêves.

Une porte s'ouvre.

Des mains se tendent.

La roue tourne.

Quand la lumière frappe à votre porte, laissez-la entrer.

7. Entre elles

Il s'amuse, il rit, il fait la fête. Il n'a pas vraiment envie de se poser, c'est un joueur, un séducteur. Il entretient beaucoup de relations, il part dans tous les sens. Il n'est pas dans le moment présent et encore moins dans des projets d'avenir. Il est tourmenté. Il n'est pas très décideur, pas très construit, a besoin de l'avis et du regard des autres pour vérifier qu'on l'aime et il est attaché à l'image de soi. Il a de la difficulté à faire des choix pour lui. Il aime beaucoup beaucoup (trop) parler aussi. Mais parler pour parler, pour dire « on en a parlé » mais cela ne mène jamais nulle part. Il ne résout jamais les problèmes. Il ne cherche pas de solutions, il tourne en rond pour maintenir un suspens ou maintenir l'idée : on ne sait pas, on ne décide pas mais « on en a parlé… » Sur l'amour, c'est un entre deux. Quelqu'un qui ne se décide jamais. Il met en attente.

Il n'est pas clair vis-à-vis de la direction à prendre ensemble. Il continue à la faire tourner en rond par rapport à son engagement, ses projets. Sa relation de couple n'est pas sa priorité.

Il manque de maturité, de sérénité. Il est focalisé plus sur son travail, ses relations. Il entretient beaucoup de secrets.

Il se complait dans des relations qui sèment l'ambiguïté et elle ne trouve pas de stabilité, elle ne trouve pas ce lien qui fait que leur relation est une vraie relation de couple dans laquelle elle peut s'épanouir. Elle a toujours l'impression que l'amour passe au second plan, qu'il est toujours en vadrouille ou a toujours l'esprit ailleurs et n'est jamais trop présent pour elle.

Elle en a marre de passer après les amis, la famille.

Malgré tous ses efforts, elle est dans une impasse et elle sent qu'elle n'est plus à sa place, qu'elle n'est plus la bienvenue.

Elle lui avait manifesté ses envies. Il lui avait répondu que lui aussi a les mêmes envies et maintenant il se détache, la néglige.

Elle n'est pas heureuse.

8. Amour, courage, force, joie et plaisir

Elle est sur un pont. L'autre rive se rapproche. Elle arrive au bout d'un chemin. Son trésor est proche. Elle fait ce dernier petit effort avec courage. Car même si cela lui demande de la force, chaque pas la rend encore plus forte. Cette traversée est un cadeau qu'elle se fait : abondance de vie, esprit positif, rire, sourire, célébration, récolte... Même si sa route est solitaire, elle est entourée de personnes simples, authentiques, fortes, joyeuses et au cœur riche. Et cela lui permet de relâcher la pression.

Ce que ce chemin lui apprend ? Défendre ses valeurs, reprendre son pouvoir, prendre soin d'elle, revenir au moment présent, se concentrer sur les aspects de sa vie qui la nourrissent, amour de soi, respect de soi, courage, faire face à ses ressentis, ses émotions, se faire confiance, savoir s'éloigner, dire non, se recentrer sur son individualité.

Comme elle évolue, change d'état d'esprit, de pensées, s'affirme par rapport à sa vérité, ses perceptions, elle se rend compte qu'en traversant ce pont certaines personnes resteront sur l'autre rive. Cela demande du courage pour asseoir sa détermination et ses choix de vie, se positionner. Elle prend alors un temps de repos pour trouver la paix de l'esprit.

Elle n'attend plus après les autres.

Elle décide, tranche, coupe avec ses croyances, ses perceptions.

Elle poursuit son chemin.

Elle avance dans l'inconnu.
Elle sait ce qu'elle a envie de s'offrir.
Elle vit sa vérité et poursuit sa route.
Elle se répare, sort de sa chrysalide.
La solution est sur l'autre rive.

9. Alex...

A l'extérieur, elle brille... Elle se revêt d'une énergie de feu, de conquête. Elle s'imprègne de soleil, elle grandit, se sent heureuse, comme si sa vie a un sens. Elle se lève le matin et prend le temps : médite, savoure un thé, câline son chat... Elle a décidé de se revendiquer et de faire les choses de façon différente. Elle sait aussi qu'elle est un appui pour les autres. Elle protège par son côté maternel. Elle donne de l'amour à qui le veut, à qui en a besoin... et on le lui rend. C'est ce qui lui permet de tenir bon, de se dire que sa vie n'est pas vaine, qu'elle peut avancer et trouver une lueur d'espoir dans ce monde.

Car... Alain...

A l'intérieur, son monde est sombre. Elle vit renfermée sur elle-même. Tout ceci peut paraître contradictoire avec Alex et n'avoir aucun sens. Elle se comprend. Et c'est l'essentiel.

Au-dedans d'elle, le monde est noir mais ce n'est pas de la noirceur, ce n'est pas mortuaire ou cadavérique. Non. C'est le sombre de la profondeur. Comme l'océan. Tout au fond, il y a une certaine lumière. La vie arrive encore à se refléter.

Elle est comme l'étoile qui brille seule dans la nuit. Elle ne se sent pas seule. Même si, parfois, le poids de la solitude lui pèse. Elle est entourée de millions d'étoiles.

Sa mission à présent est de suivre le soleil.

De rayonner.

C'est une raison d'être plus grande que les autres.
Tout ce qui est autour n'a plus d'importance.
Alex et Alain se rencontrent enfin.

10. Vaincre

Elle se réalise et s'éloigne de ce qui n'est plus en accord avec elle. Elle veut vivre libre, se libère de tous les poids. Elle est guidée par l'Univers. Il ne l'abandonnera jamais. Elle a le potentiel de faire de son rêve une réalité. Elle ne se laisse plus faire et dit sa vérité. Elle a acquis une intelligence émotionnelle. Elle ne craint plus rien. Elle veut parcourir son monde telle une guerrière.

Elle arrive au bord de la falaise. C'est la fin de la route. Elle a confiance. Quelque chose va se produire. Elle ne sait quoi. Mais elle avance. Elle est comme hypnotisée par la lumière vers laquelle elle marche. Elle a Foi. Elle va aller chercher son graal. Elle déploie ses ailes pour s'envoler. Il n'y a aucune raison d'avoir peur. Elle a tant de pouvoir. Rien n'est dangereux. Son cœur est ouvert. Elle part rejoindre le Beau. Elle quitte un monde de sécheresse. Elle prend sa revanche : elle s'est battue pour sa vie en regardant la mort en face. Elle ne lui fait pas peur. La mort l'intrigue mais ne l'effraie pas.

Elle ne prendra rien si ce n'est le meilleur. Elle ne prendra rien si ce n'est la meilleure des relations, quelqu'un qui la comprend, la respecte, se réalise, qui sait ce qu'il veut, mature dans ses émotions, partage les mêmes valeurs, ouvert d'esprit.

Elle n'est plus esclave. Elle n'est plus dans le besoin d'une relation pour le sexe ou pour l'argent ou pour quoi que ce soit. Elle est indépendante sur tous les plans.

Par-delà le monde, il y a des personnes destinées à se retrouver. Toutes les forces de l'Univers se concentrent pour que les âmes sœurs puissent se réunir.

Elle devient ce que l'Univers a prévu pour elle.

Elle devient qui elle est.

Elle est sur son axe.

Elle n'est plus pressée.

Elle voit la beauté en toute chose.

Elle vit avec humilité.

Un nouveau monde s'ouvre à elle.

Elle est guerrière.

Elle a vaincu.

11. Prendre du recul

Elle prend du recul sur les évènements, ce en quoi elle croit, ce qu'elle pense sur elle-même ou les autres. Des croyances s'écroulent.

Elle réfléchit mais dans le bon sens du terme c'est-à-dire qu'elle regarde le problème sous un autre angle. Elle a besoin de rafraîchir sa manière de voir la vie.

Elle persévère, garde le cap et reste concentrée sur ce qu'elle veut.

Elle est honnête avec elle-même. Elle sait que parfois elle retient les personnes ou les situations qui n'ont plus lieu d'être dans sa vie. Alors pourquoi cogite-t-elle ? Car elle n'est pas toujours alignée avec ses besoins et garde encore dans sa vie un peu de toxicité. Alors qu'elle sait au plus profond d'elle qu'il est temps de s'en débarrasser. Car là où elle veut aller elle ne peut s'y rendre avec ce fardeau : elle ne doit pas craindre de terminer une chose avant d'en commencer une autre. Au lieu d'ajouter et d'ajouter encore pour, en définitive, un surcroît de labeur. Non ! D'abord lâcher puis apporter du nouveau...

Qu'est-ce qui la retient ?

12. Ce qui est essentiel

Elle a besoin de calmer son esprit. Pourquoi les gens ne voient-ils pas les mêmes choses qu'elle ?

Elle lâche prise. Pause…

Elle accepte les situations et les personnes comme elles sont et comme elles se présentent.

Ce qui compte finalement, c'est l'amour.

Elle ferme les yeux.

Fait un vœu.

Et jette une pièce dans le puits à souhait.

13. Tout arrive au bon moment

Elle accepte sa destinée. Elle a des signes. Des messages. Elle sort de son quotidien, de ses habitudes. Elle est vigilante quant à ses pensées négatives : « je ne suis pas assez, je peux manquer, le sort qui s'acharne, je suis victime... » Eh ! Oh ! Stop ! Si elle laisse s'installer ce petit vélo, elle perd. Son mental est au service de son cœur pour lui donner la force et le courage de ses ambitions. Elle apprend de ses échecs et recommence. Cela fait partie du « je ». Et ça lui donne encore plus de volonté. Elle se ressaisit et pose un regard différent sur la vie. Un monde s'offre à elle. C'est à elle de prendre les rênes et le pouvoir avec ses dons et talents. Elle s'offre des moments agréables pour nourrir sa création. Elle s'associe à elle-même et se complète. Si elle y croit, l'Univers conspirera à tout mettre en œuvre pour l'accompagner. Elle part conquérir son royaume. Elle prend le risque. Elle sort du cadre. Elle a foi, force et persévérance pour ouvrir son cœur et croire en son destin.

Elle est émotive et sensible. Elle a besoin de se sentir soutenue de manière affective pour avancer dans sa vie. Elle se confie à ses amis. Ils lui redonnent le moral, du baume à son petit cœur. Et les questions, les doutes, les interrogations se dissipent. Elle fait la paix avec ses énergies négatives. Elle se rend compte de ce qui fait saboter ses projets. Elle se renforce pour être plus solide même si ce n'est pas toujours évident.

Elle fait son petit bonhomme de chemin.
Elle est très inspirée et inspirante.
Elle surmonte l'adversité, le qu'en dira-t-on.
Rien n'est perdu.
Tout se transforme.
L'espoir est toujours là.

14. L'affirmation

Elle est reconnaissante pour ce qu'elle a été, est et sera.

Elle avance un pas après l'autre. Elle s'apprend des autres.

Il lui a fait une proposition. Quelqu'un du passé. Elle sent qu'il lui force la main. Des questions se posent. Un choix. Il cherche à réactiver ses angoisses. Il veut une réponse immédiate : « Merci pour ta proposition, je vais y réfléchir ». Elle sent qu'il cache des choses. Très centré sur lui, il veut obtenir ce qu'il a en tête mais ne dit pas tout... prudence et vigilance ! C'est le loup : il a l'art et la manière... Ce qu'il ignore c'est qu'aujourd'hui elle se choisit. Elle ne se voile plus la face par rapport à son bonheur. Elle sait ce qui est bon pour elle. Elle est bien avec elle-même et dans sa vie. Elle se sent riche. Il y a une victoire sur elle-même : elle prend le temps de réfléchir avant d'agir.

C'est si bon de voir l'autre tel qu'il est. Comme un miroir sans tain. Elle le laisse dire... avec un grand sourire intérieur. Elle le connaît si bien. Cette situation du passé lui ouvre les yeux sur un aspect d'elle-même. Elle sait à présent que de cet aspect-là, elle en fait le deuil. Waouh ! Quel parcours !

Elle sourit avec une humble fierté sur cette victoire.

A-t-elle bien appris sa leçon ? Oui.

Elle saisit cette toute nouvelle pièce du puzzle de sa vie et l'insère à sa juste place.

Que ce dessin qui se dévoile d'instant en instant
lui plait : artiste et modèle à la fois.

15. Une histoire extraordinaire

C'est parti ! Elle prend sa direction. Elle avance vers son destin. Qui l'aime la suive !

A l'écoute de ses émotions et de ses intuitions : ce sont les vrais Guides. Ce sont les informations qui lui viennent de l'Univers. C'est le repère dans sa vie.

Avec le nombre d'informations qui circulent aujourd'hui, elle sature. Elle ne sait plus quoi faire, elle ne sait plus où est le vrai du faux. La dernière source qui lui reste c'est sa propre information, celle de son corps. Et cela va bien au-delà de l'expérience. Car l'expérience qu'elle vit au quotidien peut toujours être conditionnée par ses pensées, par ses perceptions. Quand elle calme son mental, quand elle s'isole, quand elle revient au Soi, quand elle comprend la mouvance de son corps, alors elle sait qu'elle est dans sa vérité. Parfois son corps lui demande de faire certaines choses et parfois surtout pas ! Et la plus grande erreur de sa vie a été de ne pas l'avoir écouté.

Elle ne se réfère plus à ce qui vient de l'extérieur. Elle remet tout en question.

Elle met son ego de côté : la seule chose concrète qu'elle possède c'est son cœur. Son cœur, autrefois meurtri, lui amène sa puissance de conviction aujourd'hui.

Alors, elle applique la technique de l'archer : entre relâchée et tendue à la fois. Entre tenir bon et lâcher prise. Elle patiente jusqu'à la dernière seconde pour faire le bon geste qui va permettre une exécution efficace.

Le temps met tout en lumière.

Elle trouve dans sa lumière de l'espoir.

Etre connectée avec son Soi.

A l'écoute de ses intuitions.

16. Les brumes

Elle est au milieu de l'océan et a l'impression que justice divine ne lui a jamais été rendue.

Elle donne le meilleur d'elle-même. Elle a acquis une sensibilité, une expertise sur l'amour incomparable ce qui fait qu'elle arrive à déceler toutes les choses qui vont bien et celles qui vont mal. Elle ne peut expliquer tout cela. Ce sont ses expériences de vie qui amènent certaines personnes à ce niveau de conscience. Elle ne veut plus perdre son temps à expliquer aux autres. Elle veut juste suivre son destin.

Elle a longtemps été comme un ermite.

Elle a beaucoup observé.

De loin.

17. Prise de conscience

La lumière est faite sur une fausse lumière. Elle ne peut plus fuir et doit avoir le courage de partir. En restant bloquée, c'est elle-même qui se trahit. Bien sûr que tout n'est pas clair. Mais quel intérêt aurait la vie s'il n'y avait pas un peu de piment ? L'Univers lui envoie un clin d'œil : « sois confiante, tu sais ce que tu as à faire ». Elle sait que l'intelligence du cœur est couronnée de succès. Elle sait où elle va. Tout travail porte ses fruits après avoir planté des graines.

Elle est sa meilleure amie.

Son propre conseiller.

18. Soleil et Etoile

Le feu renaît.

Elle a envie de se lancer dans une nouvelle aventure.

De communiquer, de se libérer.

Elle patiente avec espoir.

Elle en a la force.

C'est l'entre-deux.

La direction est là.

Elle envisage tout cela dans tous les aspects de sa vie.

Jour de chance.

Ses prières sont entendues et exaucées.

Elle tremble.

Ferme les yeux…

… et hop !

Elle fait ce petit pas en avant.

19. Amour de soi

Après avoir semer ses graines, elle voit les premières pousses. Elle continue d'arroser son jardin intérieur.

Qu'est-ce qui l'empêche pourtant d'être heureuse ? Est-ce l'attachement à l'amour des autres pour s'aimer soi au lieu de s'aimer soi et de partager sa vie avec ce qui résonne pour elle ? C'est la guerre dans sa tête. Elle trouvera les bons arguments pour y répondre.

Elle réfléchit beaucoup. Elle revoit son passé et le refait dans sa tête pour essayer de comprendre. Elle avance pour améliorer sa situation. Quelles sont ses options ? Est-ce qu'elle se fait de fausses idées ? S'entête-t-elle ?

Soit elle décide que cela laisse des traces et garde amertume, prudence et méfiance soit elle boucle ce cycle et ces bagages-là, les laisse sur le côté et poursuit son chemin.

Combien de temps va-t-elle encore s'attacher à ses souffrances ? Ca l'agace... ou va-t-elle enfin se pardonner et pardonner aux autres ?

Va-t-elle continuer à vivre dans un état quasi permanent de déception ou choisir le bonheur ? Est-ce qu'elle choisit la Vie ?

Elle cesse de ressasser, de ruminer.

Elle retrouve de l'espoir, de la joie de vivre.

Elle recommence à rêver.

Elle retrouve un équilibre qui la tire vers le haut.

Une porte de soleil s'ouvre à elle. Elle est réticente, elle n'y croit pas. Et si et si et si ?

Et si et si et si ! Il y aura toujours des personnes négatives pour parler, pour avoir un avis. Ce n'est rien. Elle avance.

Elle quitte la route sur laquelle elle avait l'habitude d'avancer. Elle dépose ses bagages. Et prend une autre direction.

Elle revient à l'instant présent pour redéfinir ses besoins.

Elle est restée à la croisée des chemins en se sentant en lutte, en stagnation car elle n'arrivait pas à se décider. Maintenant elle fait le choix.

Sa force de conviction a juste besoin de s'enraciner.

Et tout devient alors possible.

20. Cède à la passion

Des rencontres inattendues, surprenantes. Son énergie a changé. Son abondance : acceptation de soi, connaître sa valeur, estime de soi. Elle change un état d'être. Elle trouve sa place, confiance en elle, elle dépasse quelque chose d'émotionnel pour aller vers l'Amour. Elle se lance. Elle communique à nouveau. Se déplace. Elle prend sa vie en main, elle fait des projets, agit. Elle a beaucoup attendu pour retrouver confiance en elle après un bouleversement de vie. C'est la fin du cycle pénible. Trop de responsabilités. Trop de pression. Trop de fatigue. Des choses refont surface pour lui permettre d'affronter ses émotions et retrouver son équilibre.   Elle s'inquiétait trop avec un état d'esprit dirigé par les peurs, une vision fausse d'elle-même. Elle se rend compte qu'elle a été poussée à des extrêmes. Elle a pris d'autres responsabilités que les siennes. Elle avance malgré les obstacles. Elle remet à plat une situation. Elle a pris des décisions pour retrouver son équilibre. Elle prend des risques. Dépasser l'image de soi, le qu'en dira-t-on. Elle fait sa vie. Elle fait face. Elle a beaucoup d'amour à donner et d'abord à elle-même. Elle cesse d'accuser. C'était de la peur : manque d'estime, d'amour de soi. Elle apprend à dire ce qu'elle a à dire. Une chose après l'autre. Elle a la force de se relever, d'avancer, d'essayer des choses nouvelles.

Elle fait le choix de l'équilibre. Elle essaie la vie.

21. L'Infini... tif !

Elever les standards. Avoir du courage. Avoir peur. S'illusionner. Placer des limites. Activer les pouvoirs magiques. Changer le plomb en or. Se manifester. Ouvrir. Briller. Avoir la foi. Avoir confiance. Se protéger. Se sécuriser. Reprendre son pouvoir. S'inquiéter. Douter. Rêver. Décider. Stabiliser. Retenir. Chambouler. Perdre. Choisir. Fuir. Se prendre la tête. Changer de perspectives. Se libérer. Obliger. Attacher. Lier. Bousculer. Evoluer. Mentir. Trahir. Voler. Tromper. Espérer. Proposer. Se déplacer. Prendre de la hauteur. Déléguer. Lâcher du lest. Finir. Se reconvertir. Questionner. Investir. Nourrir. Créer. Terminer. Récolter. Accueillir. Partager. Ruiner. Reconstruire. Perdre. Jalouser. Evoluer. Se montrer. Oser. Prendre un risque. S'affirmer. Se relever. Sauter dans le vide. Accélérer. Négocier. Stagner. Poser ses bagages. S'engager. Recevoir. S'enthousiasmer. Sortir. Discerner. S'alléger. Tourner le dos. Refuser. Accepter. Abandonner. Quitter. Parler. Surprendre. Offrir. Donner. Aider. Agir. Attirer. Ecouter. Vendre. Hériter. Communiquer. Se transformer. Rompre. Attrister. Séparer. Bouleverser. Cacher. Souffrir. Mettre en garde. Inviter. S'entêter. Porter un fardeau. Venir. Déménager. Connaître. Proposer. Fermer. Prendre le temps. Retourner sa veste. Solutionner. Dire. Eloigner. Regretter. Partir. Bloquer. Patienter. Pardonner. Guérir. Rire. Aimer.

22. Réorientation

La porte est passée. Et refermée. Elle récolte les fruits de ses efforts : bonheur, joie, partage, sécurité émotionnelle, bonnes nouvelles, apothéose, absolu. Elle regarde au loin. Elle regarde vers l'avenir et c'est ce qui l'aide. Elle se soutient elle-même avec dynamisme et confiance car elle se repose sur son expérience : ça c'est bien, ça non. Elle trie et elle avance. Elle tranche. Elle s'oriente. Elle décide. Et quand elle décide quelque chose ça la dépasse. Comme une plus haute vibration. Et tout devient plus facile, plus fluide, les nœuds se dénouent, elle se sent soulagée. Elle est sur le bon chemin. Pourtant, elle ressent qu'elle a encore un petit effort à faire. Elle s'auto-sabote un peu parfois, il y a encore une certaine forme de rigidité. Elle se dit que c'est naturel. C'est tout frais, tout nouveau. A émotions nouvelles, pensées nouvelles, actions nouvelles. Ca la booste. Sa vie est une succession d'étapes. Tout ceci n'est que temporaire. Elle ne se bute pas, ne reste pas inerte. Elle pense juste autrement : prendre l'habitude de se faire confiance en sachant que la confiance est une discipline quotidienne. Parfois elle évolue, parfois elle régresse un petit peu. Le tout est de garder l'équilibre. Le plus dur est fait : mettre un pied à l'étrier, actionner un levier. Il ne lui reste plus qu'à être dans le mouvement.

Le mouvement crée la solution.

Une idée. Ca vibre. Ca bouillonne. Ca s'amorce...

23. Le cadeau

Au moment où elle s'y attend le moins. Au moment où elle est en conscience sur certains aspects de sa vie : prendre soin d'elle, de son intérieur… L'idée surgit. Comme surgit de nulle part ! C'est un cadeau de la vie. Surprenant !

Elle s'investit dans une nouvelle aventure et ça lui tient à cœur.

Elle reste discrète, avance pas à pas.

Elle quitte le doute.

Elle n'est plus victime.

Quelqu'un lui tend la main.

Elle accepte.

Au bon endroit.

Au bon moment.

Avec la bonne personne.

24. Elle a fini son café

Elle fait confiance au destin, aux étoiles. Elle est dans sa féminité sacrée. Quelqu'un arrive. Cela peut prendre du temps. Elle sait qu'ils sont destinés. Elle a quitté sa défensive, elle a envie de s'exprimer, de dire ses sentiments. Mais cette conversation n'est pas encore arrivée.

« Eh toi ! Oui toi qui viens à moi… écoute ton cœur…

Je sais que tu souffres de ne pouvoir t'exprimer.

Par ces mots, je t'invite.

Quand tu seras prêt.

Je vais me refaire un café.

Tu en veux un ? »

25. L'enfant intérieur

Vivre sa réalité avec l'émerveillement de l'enfance et célébrer la beauté qui en découle.

Elle est libre dans sa tête. Elle est curieuse. Avec un regard tout nouveau, tout neuf. C'est l'imaginaire de l'enfance, pas de l'égo ou du mental.

Elle réfléchit et ne s'attache pas à ses pensées.

Elle accepte de ne pas toujours être la « bonne » personne. Elle accepte toutes ses pensées, toutes ses actions sans juger bien-mal. Juste expérimenter.

Elle s'approche de son idéal de vie : relations équilibrées, partage, stabilité, réconfort, plaisir de se rencontrer, soutien, amour, complicité, chaleur humaine, joie.

Cela aura mis du temps.

C'était le temps de sa gestation.

Elle ne veut plus se limiter.

Elle se sent « assez ».

Elle est motivée.

Elle a trouvé un espace en elle de paix et d'amour.

Elle se reconnecte à sa magie.

Elle se réveille.

Elle a des discussions cœur à cœur.

Elle lâche ses feuilles mortes.

Le champ des possibles est ouvert.

26. Le jour chasse toujours l'obscurité

Elle intègre son côté sombre : il n'y a pas de lumière sans l'ombre.

Elle se sent capable. Elle n'est plus qu'à un pas de sa réalisation. Elle continue d'avancer en confiance, déjà satisfaite de ce qu'elle est.

Quand elle se sent bloquée, elle modifie sa perception.

Même si elle ne voit pas tout se produire, elle sait que ça bouge. Ce sont des étapes à traverser pour éviter de commettre les mêmes erreurs du passé.

Elle ne se laisse plus déborder par ses émotions. Sinon elle finira par fuir encore et encore...

Comme elle est impatiente : c'est une lutte en elle-même. Elle navigue entre patience, accélération, patience, accélération...

La vie l'invite à être calme.

A prendre son temps.

Elle garde à l'esprit ce qu'elle veut.

Tout arrive au bon moment.

Elle ne prend plus de raccourci.

27. Etre heureuse.

Elle a réussi à unifier son mental et son cœur. Va-t-elle déplacer des montagnes ? Elle a une idée en tête. Elle décide de tout quitter et de partir à l'aventure sans se soucier des problèmes. Elle les réglera s'il y en a au fur et à mesure. Elle fait confiance. Le vent souffle. Elle est intrépide. Elle ne dit rien à personne : « Le sot ne sait pas ce qu'il dit, le sage ne dit pas ce qu'il sait ». Elle a envie d'autres horizons. Ce départ c'est son accomplissement. Elle quitte un confort malsain. Sa vibration change : elle ne va plus vers, elle attire son propre destin. Elle a envie de victoire durable, solide. Elle est déterminée. Ses acquis ne lui suffisent plus. Elle a découvert sa vérité. Elle continue d'avancer vers son soleil car elle suit son cœur avec toutes ses forces. Elle gouverne son royaume et accepte l'appel de son destin. Elle ne force rien.

Elle sort du panier de crabes. Elle quitte la bataille. Pendant longtemps, elle a donné à une énergie qui ne lui a rien rendu. Elle en a eu assez des épées plantées dans son dos. Elle quitte les sacrifices. Elle ne veut plus faire semblant, baisser la tête, douter de ses capacités, vivre dans « le faire plaisir aux autres ». Elle met un terme à l'injustice, à l'asservissement. Elle fait face à ses sentiments et quitte l'amertume. Elle a compris et n'essaie pas de convaincre. Elle ne cherche pas à ce qu'on la suive. Elle ne veut pas être un leader, elle veut être libre. Elle s'affirme. C'est le temps de l'action. Elle a prié pendant longtemps pour trouver la porte de sortie. Elle est là. Elle voit au-delà du chemin. Elle a une vision d'ensemble. Tout devient clair et limpide. Elle part, elle monte sur le bateau. Elle laisse les tracas derrière elle, les tourments de l'esprit. Elle part vers des eaux plus calmes. Elle part sans faire de bruit. Elle n'est pas pressée. Elle se laisse guider par l'Univers. Elle ne cherche pas à être en maîtrise du jeu. Elle laisse faire les choses. Elle est guidée par son cœur, poussée par la destinée. Il est temps. Elle est prête. Elle ne reviendra pas en arrière. Elle est en mouvement. Elle attire le meilleur. Et tout s'aligne.

Elle s'assume. Elle fait face. Elle trouve sa place dans le monde. Elle revendique sa passion, sa raison de vivre. Ce nouveau départ aurait pu arriver avant mais elle avait à apprendre les leçons de la vie. Tous les événements extérieurs lui ont permis de grandir. Elle vit à présent en cohérence avec ses valeurs, selon ses termes à tous les niveaux. Elle ne se soudoie plus. Elle réalise sa valeur, se respecte. Elle ne craint plus d'être seule. Elle est animée par un but plus grand, plus haut.

Elle contemple encore son départ.

Elle entend l'appel de la vie.

28. Un lion dans le cœur

Elle a toujours eu de la force en elle. Elle a toujours été une leader pour elle-même. Il y a un monde de possibilités, de nouveautés, d'opportunités. Elle a mis de côté les satisfactions illusoires. Elle veut passer à l'action et faire les bons choix. La passion l'anime et la fait avancer. L'Univers veille sur elle et la regarde.

Par les fruits elle découvrira l'arbre. Elle suit ses propres fruits. Elle mise sur elle. Ne rien lâcher.

Le changement est inévitable : elle peut toujours reconstruire quand tout s'écroule. Alors, elle construit son monde pour vivre en harmonie avec elle-même.

On ne peut plus rien lui dicter. Elle est devenue son propre maître. Elle ne se laisse plus abuser. Elle ne louera plus allégeance, ne mettra plus genou à terre.

Elle s'est forgé un nouveau regard sur le monde. Elle s'ouvre, partage. Elle ose montrer sa vulnérabilité. Observe beaucoup.

Elle a purifié son cœur, compris sa valeur. Elle ne s'ignore plus.

Elle a trop passé de temps à regarder la Lune.

Toutes les prisons étaient à l'intérieur d'elle-même.

Elle a trop vécu dans le passé.

Le dépose. Oublie. Pardonne.

Elle part.

29. Equilibre

Ouvrir son cœur et lâcher du lest sur le mental.
Trouver l'équilibre entre les deux.
Être en cohérence : pensées, ressentis, actions.
Entre ce que son cœur ressent et ce que son mental lui dit.
Elle a envie de bouger.
L'envie d'ailleurs.

30. La lumière dissolvante

Les projecteurs sont tournés à l'intérieur pour mettre en lumière toutes ses zones même celles qu'elle ne veut pas voir. Elle perçoit de manière différente des réalités qu'elle croyait certaines. Des certitudes profondes s'effondrent. Des illusions. Pour le meilleur. Pour aller vers son essence, sa vérité.

Et cela se passe sans qu'elle ne l'ait décidé. Elle part dans ses profondeurs. Elle se déleste de couches émotionnelles devenues trop lourdes. Elle n'en a plus besoin. Un dépouillement sacré, sans peur, ni retenu.

Elle se fit à sa nouvelle manière de voir les choses. Elle lâche ce qui ne fonctionne plus. Elle ne résiste pas. Elle ajuste son regard. Et cette évolution est une libération.

Sa perception sur la vie et sur les autres se modifie.

Elle explore, elle réfléchit. Elle essaie de comprendre pourquoi les mêmes schémas se répétaient. Elle a une énergie très responsable. Elle sait que les croyances qu'elle a sur elle et sur l'extérieur attirent ses expériences de vie.

Elle s'engage envers elle-même. C'est un vrai défi.

Elle laisse émerger une vision de la vie plus légère. Elle relâche une tendance à se juger et parfois à se victimiser. Ça lui fait beaucoup de bien car elle récupère de l'énergie grâce à cela.

Être en harmonie entre elle et elle. Et ainsi pouvoir vivre une relation à l'autre harmonieuse.

Elle sent qu'elle est guidée pour suivre son destin et ce qu'il se passe actuellement n'est qu'une étape.

Alors elle patiente. Comme un jardinier, elle cultive son jardin et prend le temps.

Elle accueille toutes ses émotions. Des messagères. Elle ne craint plus d'être débordée par ses émotions.

Derrière toutes ses peaux, retrouver l'enthousiasme, la joie de son enfant intérieur.

La vie l'invite à prendre des décisions pour que ça bouge sinon c'est la vie qui va le faire à sa place !

Elle reprend les rênes de sa vie, de son monde intérieur.

31. Donner et recevoir

Elle est convaincue qu'elle mérite l'abondance.

Elle ressent beaucoup de légèreté qui lui indique un lâcher prise par rapport à la notion de temps et du comment. Se laisser vivre.

Le meilleur est à venir ? Tout est déjà là.

Après une longue période d'hibernation, d'hésitation, une profonde introspection, elle est sereine, guidée, ses prières sont entendues.

Elle continue d'apprendre. En sagesse.

Elle se sent stable. Gagne en autonomie. Elle n'attend plus de l'extérieur. Elle a changé d'état d'esprit. C'est le moment où elle comprend que ce qui s'est passé l'a amené à une certaine réflexion qui lui a permis de définir ce qu'elle veut. Elle se libère de la notion de ce qu'elle ne veut plus ou pas (notion très négative). Elle crée sa chance. Tout arrive en son temps. Quand elle est prête. Dans l'invisible cela se manifeste déjà.

Elle est inspirée par des personnes autour d'elle. Elle n'est pas envieuse ni jalouse... juste inspirée.

La roue tourne avec beaucoup de sagesse et de compréhension. Elle a envie de transmettre ce qu'elle a appris.

Ces relations s'équilibrent enfin entre « donner et recevoir ».

32. Elle prend les commandes.

Elle reprend le dessus : nouvelles envies, idées.

Un événement qui n'est pas du hasard. Elle est séduite. Elle réfléchit au projet. Elle a encore tendance à s'en faire une montagne avant même de démarrer.

Ses défis : avancer en sérénité. Se laisser vivre. Non pas à ne rien faire mais avoir plaisir à vivre, à expérimenter la vie par rapport à ce qu'elle aime et à ce qu'elle aime moins.

Accepter aussi le conflit afin de s'écouter. Cesser d'aller à l'encontre de sa volonté pour faire plaisir aux autres. Elle sort de l'idée d'un idéal. Elle accepte de ne pas plaire à tout le monde. Et ne plus s'enfermer dans des situations qui la détruisent ou lui font du mal.

Et puis de nouvelles rencontres : engouement, joie, partage, plaisir... Courage de se montrer !

Elle a appris à mettre des limites. Quand elle ferme sa porte, elle est dans son foyer. Elle est bien chez elle. Elle sait à présent nourrir différentes sphères de sa vie : elle sait s'entourer, elle sait quand c'est le moment d'être dans le plaisir, quand c'est le moment d'être en famille, quand c'est le moment de s'instruire, quand c'est le moment de lire, quand c'est le moment de cuisiner, de déguster un bon plat...

L'équilibre est rétabli.

33. La liberté

Elle s'est libérée d'une croyance, d'un conflit. Ca lui donne des ailes. Vivre de manière sauvage et libre. A chacun sa définition de la liberté.

Elle se sent libre de démarrer un nouveau projet qui lui fait plaisir. C'est une belle invitation à expérimenter la nouveauté. Ca s'accélère et elle aime cette sensation.

Tout compte fait, le sentiment de lenteur qu'elle a ressenti lui a permis de mettre l'accent sur des blocages et apporter une nouvelle énergie plus sage. C'était le chemin à emprunter pour retrouver l'amour de soi. Elle est aidée tout au long de ce parcours par des amis et elle leurs rend grâce.

Elle crée son nouveau monde. Elle n'est plus dans la course. Avancer avec tranquillité. Sereine. Ne plus se faire une montagne des obstacles sur le parcours.

Une impulsion qui la requinque. Reconnexion à des choses simples : contemplation, créativité inspirante qui lui font du bien.

Il y a encore du chemin et elle le sait : ne pas revenir en arrière sur ses anciens perturbateurs, schémas, croyances. Parfois il y a un attachement à ce qui va réveiller des blessures et comme la guérison est faite, que la boucle est bouclée, elle avance avec sérénité. Sa vigilance se porte sur l'appel inconscient de situations qui vont réveiller l'imposteur.

Elle a tout ce qu'il faut : amour de soi, capacité de réussir par elle-même. Elle cesse de se trahir et de porter sur le dos ce qui ne lui appartient pas. Quand elle a en face d'elle une situation ou une personne qui réveille d'anciennes blessures, elle prend du recul, elle observe et fait le choix.

34. Sa carapace de Crabe

Elle revient dans sa carapace et n'écoute qu'elle. Ce conflit se manifeste pour lui indiquer que c'est too much ! Elle a tout essayé, tout tenté, elle est à court de solutions. Elle ne peut plus faire grand-chose. Elle laisse tout cela derrière elle. C'est la meilleure chose à faire. Elle laisse partir... elle se recentre sur elle et elle se fait Elle ! Sur ce qui a de l'importance.

Elle est magicienne. Elle prend le taureau par les cornes.

Des conflits ? Elle y fera face. Elle assume son bonheur.

Elle s'est trop protégée : peur de se montrer, peur d'être elle-même. Elle s'est rendu compte que plus elle en faisait moins cela fonctionnait. Elle passe d'une énergie de « faire dans l'égo » à être. Être simplement elle-même. Faire c'est toujours du contrôle, c'est vouloir atteindre un but ou essayer d'influencer les réactions ou les opinions des autres ou de changer le cours des choses.

Elle s'ouvre à une dimension beaucoup plus enfantine, beaucoup plus légère. Elle se discipline. Cela ne change pas le fait qu'elle aime partager avec ses proches. Elle ressent le besoin d'écouter juste ses désirs.

Ses choix sont faits maintenant sur ce qui est juste. Elle s'écoute. Cela devient vital. Elle s'assume et s'affirme d'être elle-même et c'est déjà très bien.

Elle réveille son feu intérieur. Ceux qui ragent de son chemin, ceux qui sont dans les conflits, ceux qui jugent ou la rabaissent, elle utilise cela pour se donner de la force. Elle est surprise par cette nouvelle énergie. Plus les gens la contredisent et plus ça lui confirme qu'elle est sur le bon chemin. Pour elle les difficultés sont une opportunité pour s'adapter et faire les choses de manière différente. Si les gens ne sont pas d'accord, elle s'en fout. Elle continue son chemin. Elle refuse de rentrer dans la négativité. La seule erreur serait d'y retomber. Elle se détache de personnes qui tentent de se convaincre en essayant de la convaincre. C'est-à-dire que si une personne ne se donne pas les moyens de concrétiser ses rêves ou si elle ne se donne pas l'opportunité de vivre la vie qu'elle désire, cette personne se crée des excuses et du coup projette cela sur elle en essayant de la contrôler. Et cette personne se dit de manière inconsciente : « Eh bien si toi tu n'y arrives pas, je me sens moins coupable de ne pas y arriver aussi. Car toi si tu y arrives, cela veut dire que je me sens inférieure. »

Etre bien c'est se sentir chez soi.

Hasta la vista baby ! Je pense à moi !

35. Maman, les p'tits bateaux

Ce qu'elle recherche ce sont des réponses. Pourquoi vit-elle certaines choses ? Pourquoi est-elle ici ? Qu'est-ce qui est aligné et qu'est-ce qui ne l'est pas ? Que vient-elle faire ici ? Quelles sont ses forces, ses faiblesses ? Pourquoi telle relation avec telle personne ? Quel est son être véritable ?

Elle sait déjà qu'elle n'est pas ce qu'elle fait. La plupart d'entre nous confondons ce que nous faisons avec ce que nous sommes.

Son éveil spirituel évolue encore et toujours. Elle n'a refusé aucune étape. Tout ne se résolve pas en un clin d'œil.

Il existe une différence entre les attentes rigides de son mental, attentes conditionnées par ses croyances, ses parents, par ce qu'elle juge bon ou pas et la Vie. Et la vie qui fait son train-train !!! En mode cool-pépère-tranquille…

La vie c'est la joie.

La simplicité.

Et pour l'instant, elle navigue entre les deux.

36. Claire et précise

Elle se laisse porter par le courant qui l'invite à se détendre. Elle a besoin de ressentir les choses. D'être moins dans la réflexion. De vivre les expériences en se laissant guidée par ses sens.

Elle est dans le cœur, dans la passion, dans le dynamisme. Elle fait attention à ses excès. Elle ralentit. Pour l'instant, elle se concentre sur sa vie, sur ses projets.

Elle entretient son jardin intérieur.

Sait ce qui est bon pour elle.

Prend le temps.

Va vers une construction de vie très solide.

Laisse tout couler pour tout transformer.

37. Quand se lève le voile

Elle est célibataire dans son cœur, dans sa tête et dans sa vie. Elle ne craint plus d'être seule. Elle est bien avec elle-même. Elle trouve en elle un espace de prospérité et d'abondance. Elle se sent libre, légère et épanouie. Même en couple, elle se sentait célibataire. Il y avait un faux scénario sur : qu'est-ce qu'une relation ? Comme si l'autre voulait lui prendre sa liberté. Elle a compris que ce n'est qu'une perception. Elle accepte aussi de recevoir à présent. Elle donnait beaucoup et finissait par se plaindre. Elle regarde en face qu'il est important de recevoir et ainsi les rapports s'équilibrent et sont réciproques. Une nouvelle dynamique qui lui plaît et lui convient. Elle lit entre les lignes. Elle comprend le langage des gens. Elle ne se laisse plus faire par le « passif-agressif ». Elle dit non aux personnes qui jouent sur les sentiments. Elle dit non à tout ce qui est faux, trompeur. Elle ne se fuit plus. Tout cela apporte de l'authenticité dans ses rapports aux autres. Elle fait des choix en conscience : prendre le temps de se poser avant de choisir afin de ne plus réagir sous le coup de l'émotion.

Elle lève le voile sur ce qui lui « manque ». Elle a tant nourri l'habitude de penser qu'elle n'y arriverait pas… son regard sur elle-même a changé.L'ambiance polluante dans sa tête était trop lourde.

Elle prend de la hauteur.

Et l'harmonie se manifeste.

38. Le destin

Elle est invitée à prendre en main son destin : être authentique et honnête avec elle-même.

Que veut-elle dans sa vie ? Qui est-elle ?

C'est dans le rêve, quand son esprit s'apaise, que les idées arrivent.

Elle a envie de transmettre sa vision de la beauté du monde, la perception qu'elle en a. Non de convaincre. Juste transmettre. Car elle sait que chacun à son point de vue.

Elle comprend que beaucoup de personnes ne veulent pas le bonheur. Elles nourrissent davantage une énergie de compétition, de déstabilisation voire de destruction. Elle a la force de ses opinions tout en étant conciliante. Elle accepte que sa vision puisse décevoir son entourage. Pour vivre heureuse, elle s'en détache.

Oui, elle y va seule.

Une autre étape de franchie.

39. Le sens de la vie

En ce moment, elle est dans sa réalisation. Elle s'éveille. Elle sent le soutien de l'Univers. Ca lui donne du cœur pour s'atteler à la création.

Elle construit sa stabilité. Elle quitte l'insatisfaction. Elle a trouvé un sens à sa vie.

Comme elle suit son cœur, l'Univers lui révèle des secrets. Elle sort alors de l'illusion. Elle sort de la croyance (croire c'est ne pas savoir, se faire des scénarios, se tourmenter l'esprit).

Elle regarde ses mains et le monde est là. Elle chevauche le dragon et part. Pendant longtemps, elle est restée sur la falaise à interroger toutes les énergies, a regardé loin devant elle sondant le vent, les océans, les contrées lointaines... elle part vers le centre de la Terre. Elle quitte toutes les cartes géographiques qui existent. Elle va au-delà de l'illusion, de toutes les prisons de l'esprit. De tout ce qu'on a pu lui faire croire. Elle ne se retournera plus jamais.

Elle pardonne.

Elle oublie tant elle est puissante.

Elle est prête pour le grand voyage.

Elle est équilibre.

40. La complétude

Il veut obtenir la victoire mais il n'arrive pas encore à entrer en communication avec elle.

Lui aussi sort des conditionnements. Il se pose des questions existentielles. Il cherche des réponses à l'intérieur de lui-même. Il est courageux. Et elle sait qu'il ne l'abandonnera pas. Elle fait preuve de sagesse : elle le laisse revenir vers elle. Elle fait confiance à l'Univers. Le hasard n'existe pas et tout arrive en temps et en heure. Il a absolument tout pour se réaliser dans sa vie. Pour se compléter il ne lui manque qu'une seule chose : elle. Il veut l'oublier, avancer, se mettre la tête dans autre chose mais à l'intérieur il a envie de revenir vers elle. Il a encore des choses à comprendre. Elle sait qu'il pense à elle. Il a envie de la rejoindre. Il réfléchit souvent : oui/non, oui/non. Il n'irait nulle part sans elle. Elle n'en est pas fière. Elle continue d'avancer. Elle continue sur sa réalisation. Pour l'instant, il est éparpillé. Il sait qu'elle est capable de donner tant d'amour. Il veut reprendre sa place à ses côtés.

Ce n'est pas encore le moment. Elle a une autre leçon à apprendre. Elle relève le défi. Elle fait confiance. Elle laisse l'Univers la guider.

Quoi qu'il arrive, c'est la victoire.

41. S'honorer

Transformer et évoluer grâce à la magie du Feu : renaître et se réinventer.

Elle communique de façon différente. Elle découvre quelque chose de lumineux. C'est la fin de la période sombre, compliquée. Il va lui falloir beaucoup d'Amour. Elle se libère de beaucoup d'énergies de déception, d'incompréhension face à des personnes qui l'ont attaquée et de l'image qu'on lui porte. Elle dépasse les mots qui ne font pas sens. A partir de là, sa conscience s'éveille. Elle sait qu'elle a bon cœur. Et que son bon cœur a parfois attiré des personnes très centrées sur elles, qui comprennent beaucoup de choses et ne les appliquent pas pour elles.

La gloire ne l'intéresse pas. C'est son évolution. Son chemin. Sa mission. Elle a juste entendu l'appel. Elle l'accepte en toute humilité.

C'est comme un trésor.

Elle se sent à sa place.

Elle apprend à donner Vie.

Elle redécore son intérieur.

Elle ne demande plus son chemin.

Elle marche à l'intuition.

42. Continuer quoi qu'il arrive

Elle sent qu'il y a une énergie qui revient vers elle. Elle est sur la défensive : elle bloque cette potentialité énergétique. Elle a accompli le voyage. Elle arrive à la dernière épreuve. Comme elle n'a pas encore tout compris ou tout pardonné, le cycle se répète. Elle ne parvient pas, pour l'instant, à passer ce dernier défi.

Elle a été énormément blessée par le passé. Beaucoup de remises en question. Elle en a trop fait pour oublier cette séparation. Cette séparation a causé beaucoup de troubles, de peines profondes. Le chao. Elle s'est retrouvée sans rien, livrée à elle-même, déchirée, abandonnée, perdue. Elle a voulu mourir pour ne plus souffrir. Elle a tant donné. Alors elle a érigé des barrières énergétiques. C'est presque imperceptible à l'intérieur d'elle-même : la différence entre construire un mur pour se protéger, créer une séparation raisonnable afin de se recentrer sur elle, avancer de son côté et construire un mur infranchissable. Comme une dureté. Elle a fait cela car elle s'est sentie meurtrie. A perdu confiance en elle.

Ce tsunami émotionnel l'a poussée à se réaliser. Comme si elle voulait prendre sa revanche sur la vie. Cela lui a permis d'acquérir des valeurs nobles, puissantes, profondes. Cette déchirure lui a apporté de très beaux cadeaux.

Elle s'est choisie mais à outrance. Cet amour d'elle-même est devenu une protection. Une protection impénétrable. L'amour a tenté de revenir vers elle. Elle n'a jamais réussi à rouvrir son cœur.

C'est quand elle se retrouve seule face à elle-même qu'elle se dit qu'elle ne veut plus souffrir, elle ne veut pas abaisser ces barrières.

Elle sait que dans un premier temps, elle a fait le bon choix d'ériger ce mur. Tout en gardant l'espoir, elle ne s'est jamais sabotée. Elle est restée campée sur ses positions. Les énergies sont en train de s'inverser. Il est temps à présent de déposer ce fardeau. Elle continue de bloquer la réunion car elle ressent que d'un point de vue vibratoire, son « autre » n'a pas encore atteint sa maturité.

Parviendra-t-elle à baisser cette barrière, à rouvrir son cœur ?

Quand acceptera-t-elle ce qu'il y a à l'intérieur d'elle et qu'elle ne veut, pour l'instant, pas admettre ?

Elle continue d'avancer pas à pas.

La forêt est sombre.

Sa lanterne éclaire trois pas à la fois.

Trois pas + trois pas + trois pas...

43. Conflit de l'esprit

Elle s'est battue. Elle sort du champ de bataille. C'est la fin de la guerre. Elle est toujours debout : elle a survécu à un conflit intérieur. Ça lui donne une force incroyable. C'est une victoire. Elle a accumulé les richesses. Pour l'instant, elle les garde pour elle. Pourquoi ne veut-elle pas donner ? Car elle a travaillé dur pour avoir cet état d'esprit. Elle veut partager mais... Elle est sur la défensive. Elle ne veut plus donner son pouvoir à qui que ce soit. Elle observe. Elle pèse le pour et le contre. Elle ne veut plus gaspiller ses richesses. Elle veut en faire bon usage. Tout ce qui est arrivé était fait pour de plus hauts desseins.

La quête de plaisirs immédiats, les sensations fortes ne l'intéressent plus. Elle veut des émotions stables, vraies. Une vibration en concordance avec la sienne.

44. L'impermanence

Tout bouge, tout a du sens, rien n'est figé.

Le mouvement la fait progresser. Se remettre en question. Lâcher ce qui ne lui convient pas.

Choisir de détruire de manière consciente ce qui doit l'être.

Elle réfléchit, se met à l'écart afin de mieux s'accomplir dans l'action.

De l'inaction créatrice, elle enfante l'action. Elle est centrée et bien dans son axe. C'est la dernière ligne droite pour bien s'organiser. L'action mise en place s'expanse. Cela demande de la planification pour envisager l'avenir.

Elle n'en sera que mieux guidée, mieux soutenue.

Elle s'ouvre, communique.

Elle se remet dans le flux du vivant.

Elle célèbre la vie.

Elle se récompense dans ce qu'elle a accompli.

Elle est fière d'être et de devenir.

45. Ici et maintenant

Elle se projette dans le futur tout en nourrissant l'instant présent. Cela lui épargne la dispersion, de se mettre en danger. C'est ce qu'elle vit dans l'instant présent pour créer, se construire, consolider qui lui évite de faire des plans sur la comète et ainsi de mettre son mental au repos.

Elle en a fini avec tout ce qui vient l'entraver, le non satisfaisant, le plombant, le toxique. Elle transforme. Elle renaît. Elle offre un temps de repos à son rythme de vie pour croitre. Elle choisit. Le choix la libère. C'est salvateur.

Son combat pacifique lui permet de se détacher d'un schéma qui ne lui convient plus.

Comment vivre les choses dans l'instant pour donner de la consistance à demain ? C'est une dynamique très dense. Elle maintient sa ténacité, sa responsabilité.

Elle s'accorde avec elle-même.

Ses états émotionnels étaient trop fluctuants.

Elle lève le voile.

Elle donne du mouvement à sa vie.

Elle ouvre l'espace des possibles.

Elle trouve des points d'appui pour s'adapter.

Elle trouve l'axe pour être dans la flexibilité.

Elle enfante son futur dans le présent.

46. La transformation

C'est l'abandon de croyances, de peurs. Elle se détache de certains masques, d'acquis, de confort. Elle agit de manière différente. En profondeur. Elle écrit une nouvelle histoire. Cette nouvelle histoire vibre très haut.

Elle est dans sa chrysalide. Quelque chose va s'ouvrir. De l'ombre à la lumière. C'est un voyage au cœur de soi. Ce voyage n'est pas sans effort : passer d'un schéma à un autre, prendre position et appui, trouver de nouveaux repères, dépasser des obstacles, muer, migrer, transformer se fait de manière progressive et en sagesse.

A présent, bien assise sur son socle, elle se laisse porter par le mouvement de la vie.

47. L'âme agit de la Terre

Elle a ses petits rituels : encens, bougie, prière, fumigation, huiles essentielles, méditation… Les traditions anciennes l'ont toujours intéressée.

Elle s'initie à collaborer avec son mental surtout quand la foi la fuit, que le désespoir fait jour, l'indécision, la perte de repères, les inquiétudes.

Elle apprend, s'informe, cherche de la connaissance.

Elle lutte encore, parfois, entre le cœur et l'esprit. Comme une idée que rien ne sera plus comme avant. C'est son évolution et elle le sait. Elle apprend tant de choses sur elle. Ce qu'elle recherchait, était déjà présent en elle.

Oui, il y a des moments de vie compliqués mais elle sait que c'est une invitation au courage, à faire taire l'égo, à calmer le mental afin de la libérer de ce corps de souffrance et de (re)trouver sa direction, d'ouvrir les yeux, de savoir où elle en est.

Et s'ouvrir à plus grand que soi.

Se regarder dans le miroir et faire la paix.

48. Douceur

Après des années de dureté envers elle-même, elle apprend à se parler avec amour, avec gentillesse.

Elle cherche de l'authenticité, de la sincérité. Elle prie. Elle se nourrit : estime et amour de soi.

Elle travaille sur son bien-être, quelque chose de très posé, stable, durable. Elle s'équilibre entre sa vie terrestre et sa spiritualité.

Elle tire des leçons de tout ce qu'elle a vécu. Les leçons du monde de l'invisible.

Elle a eu tendance à se dissocier de son âme. Elle s'est retrouvée alors dans des situations impossibles qui ont éteint cette énergie de l'âme. Et à quel prix ! Tout ce qui brille n'est pas d'or. Quel est le prix de la réussite ? Se méfier des vautours. La frontière est très fine entre être à l'écoute de soi et se laisser manipuler par l'extérieur. Prendre des décisions en son âme et conscience. Laissez parler ses intuitions. Voir au-delà du mental. Ecouter ses vibrations. Elle seule peut savoir ce qui est bon pour elle.

Elle lâche un idéal. Non pas parce que ce n'est pas le bon idéal mais par rapport au contrôle qu'elle avait dessus.

Au fond de son cœur, tout va bien.

Être bien dans sa tête, sa vie, son quotidien.

49. Le mouvement

Comprendre qu'il est essentiel d'aller à chaque instant dans le mouvement de la vie. Elle cueille l'instant, le savoure, comme une nouvelle expérience, une nouvelle opportunité.

Observer ce qui, par le mouvement, amène le changement. Ca la pousse à explorer.

Elle définit de nouveaux objectifs. Elle est déterminée. Il est important de persévérer sur sa quête évolutive. Elle ne s'arrêtera pas en chemin quoi qu'il arrive. Elle reste alignée sur cette notion de transformation par le mouvement.

Aura-t-elle peur de ce qu'elle doit bouger ? Car c'est l'inconnu. Nouveaux repères. Même si elle sait que l'exploration la fera grandir.

Elle s'adapte à sa nouvelle configuration. Agir. Ne pas rester figer. Aller au-devant des peurs, de l'inconfort. Oser se lancer dans l'inconnu.

Ce mouvement l'enrichit. Elle se réinvente. Elle fait appel à sa richesse intérieure. Se fait confiance. Met son mental de côté.

En agissant dans la confiance, elle harmonise son état d'être, va de l'avant, trouve les bons compromis, déclenche le mouvement, stabilise ses émotions. Elle se laisse guider dans ce flux harmonieux et son approche intuitive. Elle a ce côté un peu anxiogène par rapport au mental. Elle réfléchit beaucoup. Et parfois le train passe et… à force de regarder dans quel wagon elle veut monter… le train démarre. Elle attend alors le prochain…

Elle se concentre sur sa quête.
Qu'est-ce qu'elle attend ?
Elle sait. Ca vibre.
Alors... action !

50. Le guide

Son guide l'accompagne sur son chemin.

Son âme est en train de lui dire : « Elève-toi et laisse-toi porter par la confiance que je place en toi ».

Elle devient ce qu'elle désire : placer des actions, ressentir dans son cœur et créer son futur.

Elle s'allège : voir les choses avec moins de sérieux et plus d'insouciance.

Se laisser guider par sa voix intérieure.

51. La passion

Elle fait des choses qui la passionne, lui donne de l'énergie, la stimule. Elle célèbre sa vie.

Comment libérer de l'énergie et se sentir bien ? Par l'enthousiasme, la joie. Elever ses standards et aller au-delà de ce qu'elle connait. Elle distribue de l'amour. Même si elle s'en protège encore, elle met de l'amour dans ses prières, ses intentions. Elle est connectée à l'amour. Elle vibre l'amour. Elle est amour.

52. Le choix

Sa froideur peut parfois être impressionnante. Et si c'était une force ? Quelque chose d'important arrive pour elle. Il lui est demandé de baisser sa garde. Elle est seule. Pas en solitude. Elle s'isole. Elle veut en sortir. Elle combat. Mais le combat crée la dualité. Et cela l'empêche de voir la vérité. Briser les chaines qui l'entravent. Devenir rebelle. Non dans la lutte. Juste parce qu'elle a découvert son essence véritable.

53. Mea Culpa

Toute épreuve est une exploration. Développer et nourrir la compassion permet de sortir d'un état de mal-être et accepter ce qui se passe dans sa vie afin d'accéder à une vision plus lumineuse. Faire face, sortir du déni, de l'auto-sabotage. C'est un effort à faire pour pouvoir se positionner avec fermeté.

A-t-elle conscience de cette difficulté ? De cette réalité ? Accepter le fait qu'elle ait pu être déçue. Elle a le droit de s'être trompée. Si elle n'accepte pas de voir la réalité des choses, cela risque d'être d'autant plus freinant.

Elle change d'attitude.

Elle prend le temps de retrouver son équilibre en prenant soin d'elle. Quoi qu'il en soit, elle trouve un compromis. Pour se sortir de tout cela, il est important de s'y confronter afin de retrouver une stabilité. Faire preuve de discernement. Ne pas aller trop vite. Ne pas rentrer dans sa coquille. Sortir de son isolement pour mieux aller de l'avant.

Toute situation apporte quelque chose : ouverture sur soi afin de s'émanciper sur tout ce qui ne nous convient plus.

La douleur lui fait juste comprendre le pourquoi. Désacraliser la situation.

Accepter de sortir d'un schéma.

Mea culpa.

Le discernement est une de ses capacités.

Elle s'ouvre, elle ne cristallise pas.

Elle est sur un chemin de progression.

Elle peut faire une pause.
Elle reprend la route.

54. Le compte à rebours

Une vérité vient vers elle. Tous ses sens sont en exergue. Elle est sensible. Elle voit au-delà des cinq sens. Elle est très connectée. Son inaction est apparente.

Elle rassemble toutes ses forces, ses connaissances, son savoir. Elle est poussée par ses émotions. Elle a été en quête de réponses pendant longtemps. Malgré le fait qu'elle n'ait pas obtenu ces réponses, elle arrive à se stabiliser. A avoir une certaine droiture. Elle tient son axe. Ce n'est pas de la stagnation. C'est de la stabilité. Elle est solide dans sa sphère émotionnelle.

Elle a tout le potentiel pour y arriver. Quelque chose la bloque encore. Alors elle continue de nourrir son enfant intérieur.

Quand sera-t-elle consciente de sa puissance, de sa vraie valeur ? Une leçon est encore à apprendre. C'est cette prise de conscience qui lui amènera la vérité. Et non l'inverse. Quand la pensée s'arrête, la vérité du cœur surgit.

Ne plus s'apitoyer sur les regrets.

Lâcher le mental.

Se faire confiance.

Epurer son cœur.

Se préparer à la conversation finale.

55. Le triomphe

Il y a de la nouveauté dans sa vie. Des moments de pur plaisir, de beaux échanges. Elle prend le temps. D'un côté, elle s'ouvre à tout cela et d'un autre, elle reste ferme sur ses priorités. Oui c'est tentant... c'est comme un défi ! Elle craint de réactiver une blessure. Elle a pris la décision ferme de ne plus souffrir, de ne plus céder au chantage, de croire en de fausses promesses. Elle ne se fie plus aux grands et beaux discours, aux vendeurs de rêves. Elle garde son indépendance. Prend de la distance. Amour de soi. Elle laisse parler son intelligence d'esprit pour voir au-delà des mots. Elle est très à l'écoute de son intuition. Calme intérieur. Elle est dans sa vérité. Elle aime son style de vie. Les efforts qu'elle fournit sont pour elle. Elle en est fière.

La solution est en elle.

Elle est très terre à terre.

Ne lâchera rien.

Elle a la clef.

Elle est la clef : ce n'est pas une fuite. Elle a compris que tout se passe en elle : elle ne laisse plus ses pensées la manipuler. Elle ne laissera plus les autres la manipuler.

56. Questions

Si l'argent n'existait pas...

Où aimeriez-vous vivre ?

Comment aimeriez-vous vivre ?

Que feriez-vous ?

Qui seriez-vous ?

Comme toute vibration, l'argent est un flux énergétique.

57. De l'Alpha à l'Oméga

Amour, bonheur, courage, droiture, envie, fantaisie, gourmandise, hantise, irrésistible, joie, koala, larme, mensonge, nature, opulence, prospérité, qui, Reiki, stabilité, tsunami, universelle, valeurs, wagon, xylophone, yes, zen.

Et vous quel est votre Alpha à l'Oméga du jour ?

58. Recommencer

Elle a tous les outils entre les mains. Elle regarde en elle ce qu'elle souhaite conserver comme pensées et ressentis. Rester honnête avec elle-même. Elle sait ce qu'elle désire. Elle est ferme dans ses propos, elle ne fait pas de concession. Elle comprend et accepte. Cela lui apporte la paix intérieure. Elle a une forme de connaissance. Le chemin parcouru est déjà long. Elle se laisse encore du temps pour se détacher de tous les liens, de l'opinion des autres avec sagesse et compassion. Comme les feuilles mortes qui viennent mourir au sol et enrichiront sa terre au printemps prochain.

Penser, aimer, vivre de manière différente.

Être différente.

Sa vie est simple.

Recommencer de là où elle est.

59. La boucle

Elle ne craint plus les obstacles, les dangers.

Elle sort de ce chemin brumeux et découvre une vérité profonde, intense sur elle. Elle lâche ses dernières résistances. Elle n'est plus sur la défensive. Même si parfois c'est difficile, elle rayonne, continue son chemin. Elle ne veut plus se retrouver dans des situations misérables. Elle a découvert la force.

Elle est devenue guerrière dragonne. Elle possède les clés de la porte du temple. Elle est très connectée aux instances supérieures. Elle jongle entre les deux mondes. Ce qui crée parfois des contradictions à l'intérieur d'elle-même.

Elle a compris qu'elle n'a rien à faire. Elle n'a pas besoin d'aller loin ou de conquérir. L'univers est généreux. Les choses arrivent en leur temps. Elle ne force plus le destin.

Elle a gravi toutes les marches du temple. Elle ouvre le livre sacré et comprend qu'il n'y a pas d'ingrédient secret. Tout était là depuis le début. L'ingrédient secret qu'elle a cherché, c'est elle. Elle fait partie du Tout. Elle est le Tout.

Elle quitte enfin le passé. Ce passé qui n'arrêtait pas de revenir en boucle. Elle le laisse la traverser et lui transpercer le cœur une dernière fois.

Seule l'illusion fait souffrir.

La vérité est indolore.

Elle est l'Amour de sa vie.

Elle est en sécurité.

Elle ouvre son cœur.

Elle est invincible.

60. Manifestation

Une nouvelle dynamique qui vient du cœur. Elle manifeste dans la matière ses rêves. Encore un cap à passer pour atteindre l'abondance.

Elle prend conscience qu'en étant à l'écoute de ses émotions, elle apaise son mental. Son mental se met en action et lui sert à détecter ses émotions. Elle est vigilante car le mental se crée aussi des histoires et reporte sur les autres ses émotions non conscientisées. Elle prend alors un temps de pause et remet les situations dans leur contexte. Elle revient à la base du problème qui est souvent une émotion afin de changer sa perception et aller au-delà. C'est ainsi qu'elle s'équilibre. Être calme dans ses émotions : la réponse apparaît. Elle reconnaît ses pensées et sait quand elles vont trop loin. Elle reconnaît que tout ce qui la tiraille est dans la tête. Quand elle écoute ses émotions, elle a de quoi se réjouir dans sa vie.

Revenir à la source pour savoir ce qu'il se passe et accueillir sans se poser trop de questions. Sinon c'est comme une paralysie : soit elle en fera trop ou pas assez.

Finalement le mental se fait peu présent.

Et le corps se détend.

61. Sa divinité

Elle doute : va-t-elle y arriver ?

Beaucoup de choses se passent.

Elle a été réduite en cendres. Elle a tout remis en question. De cette expérience, elle a appris sa valeur. Ses potentialités. Confiance en elle. Sagesse et amour envers elle. La vérité est un pays sans chemin. Elle a découvert son propre chemin.

Aujourd'hui, les épreuves ont été traversées : déconditionnée et épurée. Elle se fit à la justice divine et non plus celles des Hommes. Elle a quitté la matrice.

Elle fait les choses de plus en plus en conscience.

Elle est en présence d'elle-même.

Elle a trouvé une raison de vivre.

Elle observe sa conscience tous les jours.

Sa vision est claire et lucide.

Elle se fit à ses intuitions. Ses intuitions la poussent à se réaliser. Lui permettent de tenir debout, bien campée sur ses deux jambes.

Elle guide et transmet. Sa Vie est dédiée au Divin. Certaines choses sont encore à l'état énergétique. Elle est prête pour la manifestation dans la matière. Le grand moment approche.

Elle fait confiance en la Vie.

L'Univers la guide.

62. Perception

Tel Odin, voir les choses de manière différente. Accepter qu'elles puissent être autres de ce qu'elle a toujours pensé qu'elles étaient. Changer de point de vue. D'angle.

Elle prend du repos. Pour l'instant, immobile.

Que va-t-elle faire ?

Quelle direction prendre ?

Que lui disent ses émotions, ses pensées ?

63. Observation

Elle garde son axe malgré le tumulte extérieur.

Elle a entendu longtemps son retour... surtout pour connaître la vérité. Que la lumière soit faite. Elle a observé cette souffrance. Elle a observé cette trahison. Elle a observé cette injustice. Elle a réussi à imprégner tout cela. Elle a laissé infuser. Et tout s'est évaporé. Elle a calmé son mental. Et a fini par comprendre pourquoi tout cela était arrivé. Elle a compris les signes de l'Univers. Elle a compris les synchronicités. Elle a continué à s'éveiller, grandir, se renforcer. Sans qu'il y ait de messages, d'explications. Par rapport à tout ce qu'elle a fait face, elle a réussi à mettre de la lumière sur l'ombre.

Aujourd'hui, elle est guidée par la sagesse, le pardon, les émotions, la résilience. Elle fait la paix avec elle-même. Elle met de la magie sur toutes ses blessures : transformer le négatif en positif. Elle cesse de se faire du mal.

Elle a décidé de comprendre tout ce qui n'allait pas chez elle. Elle a décidé de regarder à l'intérieur d'elle.

Il est temps de rayonner comme le soleil.

Elle n'a plus rien à prouver à personne.

64. Le cri

Elle refuse de voir la réalité en face et préfère prendre la fuite plutôt que d'assumer.

Il y a une souffrance qui a envie de crier. Parfois elle a envie de tout plaquer. Elle n'ose pas hurler ce qu'il y a à l'intérieur d'elle. Cela crée une frustration. Que veut-elle : fuir la réalité comme si elle n'avait rien vu, rien compris et laisse croire que sa vie est merveilleuse ? Où va-t-elle aller chercher ce qui lui manque ? De quoi a-t-elle besoin pour sortir tout ce qu'elle a sur le cœur ? Qu'est-il bon de faire : crier ou se taire ? Elle a quand même envie d'exploser !

Elle a besoin d'une nouvelle nourriture. Elle a besoin d'être nourrie de manière différente. Elle a besoin que quelque chose la réanime. Elle a besoin de se battre pour ce en quoi elle croit !

Elle reprend confiance en elle. Elle y croit. Elle va y arriver. Elle a osé faire le premier pas. Elle a assez enduré, fait de sacrifices, versé trop de larmes. Elle se dit : « maintenant ça suffit ». C'est comme un déclic. Il est hors de question qu'elle se taise. Ce cri doit sortir. Qu'elle sorte du déni, qu'elle cesse de fuir. Elle affronte avec son feu intérieur. Elle exprime enfin tout ce qui lui a fait mal. Elle aime que les situations soient claires.

C'est fini la gentille fille qui se plie et dit amen à tout le monde. Elle a changé. Elle le revendique. Si elle n'est pas suivie... next !

Et tant pis pour ceux qui n'ont pas vue les efforts qu'elle a fait.

C'est bon ! Elle a trop longtemps fermé les yeux sur ce qui n'allait pas… c'est fini aujourd'hui ! STOOOOOOOP !

Elle pardonne pour sa paix.

Elle tourne le dos.

Elle se détend.

Elle se repose.

Elle prend soin d'elle.

65. La dissolution

Avec douceur et lenteur... pour de la stabilité.

La lenteur fait remonter des choses en elle. Elle regarde tout cela en face et transmute ces énergies. Et la libère.

Elle brise un schéma d'idéal pour repartir sur de nouvelles bases. Tout éclate ! Elle fait de la place pour de la nouveauté.

Une main se tend. Un cadeau de la vie.

Alors qu'elle pensait que tout était perdu, l'amour frappe à sa porte. Va-t-elle ouvrir ? « Tente » lui dit sa petite voix ! « Pense au meilleur pour qu'il se manifeste. C'est juste une question de sagesse et de temps ».

66. Lever l'ancre

Elle est bien avec elle-même. Elle n'attend pas les autres pour se sentir complète. Elle fait la paix avec elle-même et avec son passé. Ne se justifie plus sur sa situation. Elle sort de ses profondeurs avec beaucoup de tendresse.

Elle garde ses secrets car certaines personnes ne sont pas honnêtes. Elle prend de la distance. Elle s'en éloigne.

Son état d'esprit s'améliore. Elle arrête de se prendre la tête. Elle cesse de se faire du « mauvais sang ». Elle craignait d'être trahie. Elle coupe avec un lien qui ne la satisfaisait pas. Ce lien n'était pas assez constructif. C'était comme une forme de combat. Une guerre d'égo. De ces personnes qui veulent avoir raison et qui non seulement ne tiennent pas leur engagement mais qui ne veulent pas s'engager.

Elle laisse tomber ses barrières.

Un silence mis en lumière.

Une naissance.

Révéler des sentiments.

Rester à l'écoute d'elle-même.

Se poser les bonnes questions.

Couper avec les doutes.

Mettre un terme à la confusion.

Accepter les différences.

Prendre une décision.

Laisser place à l'amour.

Lever l'ancre.

S'élancer.

67. Laisser couler

Il est question de dépasser un cap : entre espoir et réalité. Elle rêve et dans la matière tout ne se passe pas comme elle le souhaite.

Elle est concentrée sur elle. Elle fait face à ses peurs. Elle est juste avec elle. Elle écoute ses émotions même si elles ne sont pas toujours agréables. Elle n'est pas parfaite et personne ne lui demande de l'être. Elle ne résiste pas. Elle laisse couler. Elle observe pour que cela se défasse de manière naturelle.

La décision finale lui appartient.

68. Plaisir et joie

Elle est déterminée à avancer. Elle est conquérante. Toutes les idées qu'elle n'a pas poursuivi par peur ou « pas à la hauteur », elle les concrétise. Les mettre au profit du collectif et aussi pour elle. Elle ne craint plus de montrer son égoïsme : c'est en s'aimant soi-même que l'on aime de manière réelle les autres.

Elle est en apprentissage. Elle accepte les choses que la vie lui envoie. Être la meilleure version d'elle-même, être alignée. Elle ne peut plus se cacher d'elle-même.

Elle connaît sa partie « noire ». Son côté lumineux accepte tout. La lumière ne se bat jamais avec le sombre. Elle sait que si elle est en conflit avec elle, c'est qu'elle est en conflit avec son ombre. Elle sait que les choses prennent du temps et accepte ce processus.

Elle lâche les idées moroses, les croyances erronées... Bonjour le Saboteur ! C'est elle qui le nourrissait. Le saboteur est juste une voix qui répète et répète et répète... et à qui elle a donné du pouvoir. Il est temps d'abandonner tout ce qui est périmé. Aujourd'hui, elle alimente une autre voix plus positive.

Elle lâche aussi les relations qui ne lui correspondent plus. Elle ne vibre plus de la même manière. Elle privilégie celles avec qui elle s'amuse, rit, partage, lui apportent du positif dans sa vie.

Elle ne s'empêche plus d'éprouver du plaisir. Juste pour le plaisir. Juste pour la joie. Là elle sait qu'elle est en accord avec son être profond. Elle ne se prend plus au sérieux : cesser de courir après le résultat. Et si le but est juste de s'amuser, de prendre du bon temps ?

Elle garde le fil conducteur, sa motivation. Elle sait qu'après elle récoltera, qu'elle récolte déjà. Même si c'est parfois difficile, même si parfois, elle s'impatiente.

Elle aime et respecte toutes les personnes importantes de sa vie. Le reste, elle s'en fout. Les combats d'égo : qui a tort, raison, amasser, réussir, être le premier dans la course…

Tout cela n'a aucune importance.

Rien ne dure.

Eviter de s'y attacher.

69. Histoire de vie

Retrouver de l'optimisme. Après une période de repli, elle se redynamise. Ca y est, elle est debout. Et le regard qu'elle pose sur le monde extérieur est différent. Elle laisse au sol le manteau du passé, sa mue. Tout ceci ne lui appartient plus. Elle avance comme une enfant qui apprend à marcher. Ses pas sont encore incertains. Ca lui évite de vouloir forcer les choses, d'aller trop vite. Et pourtant, quelle force de vie. Elle se sent libre, indépendante, légère. Elle est certes limitée dans son corps. Son cœur est immortel.

Les réponses sont dans sa lumière.

Elle sort de sa forteresse.

Être mature et sage avec un regard d'enfant.

Eveil. Clef. Cohérence. But.

70. Envie de respirer

Elle partage, continue son apprentissage, négocie, exprime ce qu'elle ressent, ce qu'elle veut, communique, met en place, discute... Elle est ainsi car elle veut avancer. Elle découvre la nouveauté. Elle connaît ses limites : elle accepte certaines choses et d'autres non. Afin de ne pas se faire grignoter. Tout dépend d'elle. Elle choisit. Elle se choisit. Personne ne peut plus l'arrêter. Elle décide de sa vie. Tout est possible. Tout peut arriver à partir du moment où elle s'en donne les moyens. Elle est prête pour l'élévation, pour abattre ce qui doit l'être. Elle met de côté l'engouement. Elle ne s'emballe pas. Ce n'est pas de la prudence ou du doute. Elle n'est pas dans l'euphorie. Elle patiente. La concrétisation prend du temps. Le temps nécessaire. Elle a encore de la difficulté à ressentir ce que cela peut lui apporter car, pour l'instant, c'est non-réalisé dans la matière. Ce n'est pas palpable.

Savourer chaque instant.

Prendre le temps d'apprécier cette bouffée d'air frais qui se présente à elle.

71. Ca sent bon !

Une direction s'offre à elle ! C'est un cadeau de la vie ! Une nouvelle offre : c'est que du bonheur !

Elle ne veut pas y croire car cela fait ressurgir des énergies du passé (perte, trahison). Comme si cela cachait des choses. Peur que cela ne dure pas. Que ce ne soit qu'un commencement. Faire taire le mental. Pour une fois que cela va vite, c'est elle qui veut ralentir. Elle attend du concret car pour l'instant c'est beaucoup de mots. Ne pas montrer une image qui n'est pas la sienne. Être vraie. Elle n'est plus la personne qu'elle était il y a ne serait-ce que quelques mois.

Son intuition lui souffle des messages positifs.

L'énergie de cette nouveauté est agréable et douce. Cela n'a rien à voir avec le passé. Elle a sa place dans ce projet. Ca lui tient tant à cœur. C'est stable. Tout correspond à un souhait. Elle a toujours le choix de ne rien faire par peur ou de partir à l'aventure.

Elle ne cherche pas plus loin.

Elle se sent bien et profite de ce moment.

Prendre de la hauteur vis-à-vis du passé.

Faire le premier pas.

S'ouvrir à l'inconnu, à son destin, à ce qui est hors de contrôle.

Vivre sa vie avec sérénité.

Sortir du cadre.

Prendre plaisir à la découverte.

Elle se lance dans ce nouveau commencement.

72. Ose !

Une nouvelle page s'écrit... un nouveau chemin.

Cela demande de se mettre en action.

Elle est heureuse, satisfaite de ce qu'elle a et de ce qu'elle fait. Elle n'idéalise plus les situations. C'est une forme de réserve. Elle compose avec les hauts et les bas. Elle vit pleinement l'instant. Elle s'écoute. Elle se lance dans le vide. Elle ose. Elle est audacieuse. Elle a fait un grand ménage. Elle garde l'essentiel. Ce qui lui convient.

Elle est vigilante car le rêve est une très belle énergie. Elle observe car ce rêve peut se changer en envie et l'envie est une énergie beaucoup plus faible.

Elle reste calme.

Elle met ses émotions de côté.

Ses émotions réveillent parfois son ego.

73. Clap de fin... la rencontre

Révolution, liberté, point de départ, nouveauté, inattendu, différent. Quelque chose s'ouvre : où cela va-t-il l'amener ? Elle l'ignore. Sera-t-elle satisfaite ? Elle l'ignore. Est-ce que ça va lui plaire ? Elle l'ignore. Ca démarre...

Elle est comme poussée par un courant d'air frais. Elle pose les ennuis et le poids mort du passé. Le passé c'est comme un cadavre que l'on tente de déterrer. Elle ne conserve que ce qui a du sens à l'intérieur d'elle. Elle trie les principes éducatifs : ce qui est obsolète, elle le met de côté.

Elle est consciente de ce qu'est son bonheur. Elle sait ce que représente le bonheur ultime. Elle connaît son goût, son odeur, elle sait où il se trouve, à quoi il ressemble. Elle sait de quoi sera fait son bonheur. Et dans tous les domaines.

Ce n'est pas juste du bonheur. Cela va au-delà. C'est un état. Une façon d'être. Elle est Bonheur. Elle baigne dans l'autosatisfaction. Elle s'identifie à cet état. Seule. Pas grâce à une personne. Pas grâce à quelque chose d'extérieur. Non non. Elle est heureuse par elle-même. Elle se demande si elle pourra aller au-delà de ce sentiment-là.

Cela lui permet à présent de mettre son énergie dans autre chose que la recherche du bonheur. Elle le porte en elle. C'est comme une étoile en son cœur qui lui montre le chemin. Elle comprend ce que ce message interne signifie. C'est un apaisement intérieur, sérénité, contentement.

Elle est face à elle-même. Elle voit la différence entre elle avant et elle maintenant baignant dans

ce bonheur, dans cet état d'être. Une plénitude.
Et elle comprend qu'elle s'est rencontrée.

IL

1. Doute

Il se remet en question. Il est sur la réserve. Envie de parler. D'exprimer tout ce qu'il a à dire. Pour l'instant, il se tait. Il s'organise. Il continue de se protéger : prudence et patience. Et en même temps, il culpabilise de cette attente. Il craint l'échec. Comment va-t-il être accueilli ? Il s'interroge pour savoir quel est le bon choix à faire. Il doute. Il se fait du mal : pression, blâme. Il se trouve des excuses. Sa réserve et son silence le font beaucoup souffrir. Il redoute les critiques des autres. Peur que cela vienne parasiter ce qu'il ressent dans son cœur.

Est-ce par égo ou pour se préserver ? Il a déjà fui, menti, porté tant de masques…

Il a un énorme défi à relever : devenir lui-même. Sortir de cette fierté toute masculine.

Guidé par ses intuitions et son cœur, il a envie d'agir. Il en a la capacité. Il en est conscient. Il veut être heureux. Il pense à son bien-être. Il est poussé par quelque chose de plus grand que lui. Se battre et persévérer. Va-t-il se délester de son armure ? Il combat sa plus grande peur : perdre sa stabilité.

Prendre un risque.

Cesser de se faire souffrir.

Reprendre son pouvoir.

Apprendre à penser de manière différente.

Choisir son bonheur.

2. L'appel

Il est poussé sur le plan spirituel à faire un choix. Il a aussi besoin de savoir dans le calme et la sagesse ce qu'il se passe. Pour l'instant, il se concentre sur lui. En ne voulant blesser personne, il finit par faire du mal à tout le monde. Et surtout à lui.

Il rêve. Il a un idéal. Et en même temps, il n'y croit pas. Comme une chose impossible. Trop beau pour être vrai. Pourtant, il espère en secret que son rêve devienne réalité. Est-ce une illusion ? Il met de la distance.

Il sait qu'il peut avoir confiance en lui. Il craint tant d'être trahi qu'il se trahit lui-même. Par fierté. Pour ne pas se remettre en question. Rester en échec. Surtout ne pas montrer ce qu'il ressent. Se protéger de quoi ?

Cependant il sent qu'un nouveau chemin s'ouvre devant lui.

Ne pas craindre le rejet.

Ne pas se trahir.

Se laisser guider par sa foi.

3. La porte est fermée

Il ressent l'amitié, la complicité, une forme de fraternité et en même temps, il se sent seul. Il est dépendant social. D'un côté, il a besoin de ressentir l'amour des autres car il ne s'aime pas lui-même. Et d'un autre, il ne donne rien à personne. Se taire. Ne rien montrer. Ne pas dire que tout cela l'atteint. Cet éloignement lui crée un sentiment d'échec. Il aimerait que cela bouge. Il veut saisir sa chance. Pour l'instant, il ne fait qu'y penser. Il est conscient du lien : beaucoup d'attirance énergétique, magnétique. Ses dons de clairvoyance sont en train de se développer. Il prend de plus en plus conscience du parcours spirituel qu'il est en train de faire.

Se laisser tenter.

Croire en sa chance.

4. La foi

Il s'est souvent senti perdu. Sans trouver d'issue. Il a parfois suivi des conseils qui n'étaient pas les bons. Il reste vigilant sur les personnes en qui il peut avoir confiance. Il revient à lui. Ne plus retenir. Ni en pensées, ni en actions. Se rouvrir au bonheur.

Ses idées s'éclaircissent. Il se rebooste. Les communications, les échanges sont sains. Des solutions sont trouvées. Un souhait se remanifeste. Le moment est venu.

Il redéfinit ce qui lui fait du bien dans la vie. Il se concentre sur ses besoins et moins sur ceux des autres. Il s'amuse, il se fait plaisir. Il manifeste le bonheur, la joie, l'abondance : c'est sa réussite.

Vivre le moment présent.

Être conscient de ses pensées.

Ecouter les signes.

Se rééquilibrer.

Reprendre le dessus.

Créer son microcosme.

Juste être bien.

5. Ouvrir son cœur

Une vérité éclate. A partir d'une décision ferme : stop ! Trop de pression ! Une impression que tout s'écroule. Il fait face car cela ne lui convient plus. Ce fut long... Il retrouve un équilibre. Il reprend le dessus, ne se laisse plus abattre.

Il se prépare à ce nouveau chapitre accompagné d'un peu d'appréhension car c'est nouveau.

Il cesse de se faire souffrir et s'exprime. Il a coupé sur ses comportements toxiques. Il ne remet plus son pouvoir entre les mains d'autres. Des simulateurs d'amour. Le coup d'éclat du départ. De la poudre aux yeux. A l'arrivée, pas grand-chose. Juste des mots...

Il apprend à s'aimer d'amour inconditionnel.

Il s'ouvre. Envie de bouger, sortir, créer du lien. Il s'entoure de personnes de confiance, talentueuses qui se soutiennent entre elles.

Il récolte, s'épanouit, crée de la richesse, de l'abondance en lui.

Il laisse le temps aux blessures de se refermer avant de se lancer dans autre chose, sur de nouvelles bases selon sa définition.

6. Sortir de l'illusion

Il a travaillé d'arrache pieds toute sa vie pour engranger une forme de reconnaissance, des biens matériels. Et pendant longtemps, il était convaincu qu'il était en maîtrise de la situation. Le revers est arrivé et tous les acquis ont été détruits. Toutes ses certitudes se sont effondrées. Quelle leçon acquise avec dureté ! Enorme remise en question. Sortir de l'illusion. Il digère avec lenteur. Il a été son pire ennemi. Sa situation est inconfortable. Et pourtant, c'est ce qui le pousse en avant. Qui l'aide à guérir. Il veut retrouver sa joie de vivre.

Il cherche des réponses.

Il ignore encore l'appel du cœur.

Il craint de montrer sa vérité.

Il espère…

7. Prendre en main son destin

Il avance. Il progresse. Il a envie de trouver ce qui le fait vibrer, du sens à sa vie. Son sentiment de vide intérieur vient du fait qu'il n'a pas encore réaliser quelque chose.

Il est tiraillé par « j'ai envie – je n'ai pas envie ». Il a de la difficulté à se décider, à passer à l'action. Il ne réalise pas encore qu'il est aux commandes de sa vie. Se concentrer sur la solution et non sur le problème. Se focaliser sur ce qu'il veut pour créer un mouvement positif. Mettre toutes les chances de son côté. Ses « faiblesses » sont aussi ses « forces ».

Il écoute son intuition.

La réponse est en lui.

S'épanouir.

S'aligner.

8. Acceptation

Le passé fut difficile, douloureux. Il s'est senti victime. Il avait perdu foi en l'humanité. Déçu du comportement des autres.

Il décide d'être heureux. Il a envie de sortir de sa caverne. Il retrouve son optimisme. L'impossible devient possible. Refaire confiance. Pardonner. Il ne force rien. C'est naturel.

Il quitte la victimisation et se donne l'opportunité d'être la meilleure version de lui-même. Il se sent aligné. Il répond à ce qui l'appelle. Il réfléchit moins. Juste écouter sa voix intérieure. C'est une véritable transformation. Il mue. Il a accepté les leçons et passe à autre chose. Il continue sa route. Il va au bout de ce qu'il a envie de faire.

Il se retourne une dernière fois sur son passé.

Il regarde tout le chemin parcouru.

Il sourit.

Que sa vision de la vie a changé !

9. Rendre visite au passé

Il a été dans des relations où il n'était pas apprécié à sa juste valeur. Il réalise que pour atteindre ce qu'il souhaite, il doit laisser des choses derrière lui. Il ne peut continuer ainsi. Il revisite son passé et se rend compte qu'il n'y a plus rien là-bas. Vider ses tiroirs de l'ancien. Changer ses standards. Cela lui demande beaucoup de force et de résilience.

Mourir c'est renaître.

10. Vous n'avez pas de nouveau message !

Il attend… Comme ce message n'arrive pas, il est englué par de nouvelles émotions. Il se découvre. Ne plus lutter. Observer. Il passe à un niveau de conscience supérieur. C'est tout nouveau. Frêle et fragile. Il retire son armure. Il s'allège. Il lâche sa défensive. Vivre au quotidien en donnant le meilleur. Le voile de l'illusion se déchire. Un vent de fraîcheur. Il est enfin prêt. Il se fit à ses émotions, à ses intuitions. Tout arrive en temps et en heure. C'est parfois difficile à admettre.

Dans le vide tout est possible.

Faire le choix de ne pas en faire.

Être dans la confiance.

Ne plus défoncer les portes.

Les laisser s'ouvrir devant lui.

Vivre sa vie de manière authentique.

Son cœur d'homme s'éveille.

11. Quelle réalité désire-t-il vivre ?

Il prend le temps. Le timing divin se met en place. Tout est en cours. Il patiente. Pendant cette attente, il met de la joie dans sa vie.

Il se retire du jeu des personnes qui sont dans le drame, l'agression... Ces personnes qui nourrissent chez lui de l'angoisse, des peurs, de la victimisation... Il manque encore de discernement entre « le bien et le mal ». Tout se bouscule. Pour l'instant, tout est dans le mental : il cogite, cogite, cogite...

Cette impression de s'être trahi lui-même. Ne pas craindre l'échec. Ni la déception. Il a trop retenu ses émotions. Ca explose. La brèche apparait : sortir des conditionnements. Libération.

Ce qui le rassure, c'est qu'il a la force de surmonter cette épreuve.

Revenir dans le cœur.

Repartir sur des bases solides.

12. Sortir du scénario

Il sait que le passé est passé. Qu'il a franchi une étape. Pourtant, il craint de revivre des situations et de laisser son mental prendre le dessus. Il est conscient de ses pensées.

Il ignore ce qu'il va se passer à présent. Alors, il prend soin de lui.

L'Univers lui envoie des messages. Il ne les interprète pas tous. Ca lui permet de lâcher prise sur le contrôle et d'accueillir son évolution et celle des évènements.

Juste être attentif. Sortir de l'illusion, du mensonge. Regarder la réalité en face. Il tremble un peu et en même temps il a confiance en lui. Il en a la force.

Ne plus retenir.

Placer des limites.

Envie de stabilité.

Nouveau départ.

13. L'inattendue

Un cadeau est en chemin. Il regarde à nouveau avec ses yeux d'enfant. Il reçoit des nouvelles. Il s'est protégé pendant des mois. Il sort de cet état et retrouve la joie de vivre. Il s'est laissé le temps de guérir, de s'apprendre. Renaître. Se transformer. Se rééquilibrer. Son défi est de ne pas en faire trop, d'avancer avec sagesse, ne pas se précipiter. Tant de possibles s'ouvre à lui. L'amour est là. Réciprocité. Rompre avec le passé pour faire de la place au présent. Repartir sur de nouvelles bases. La volonté d'aboutir à du concret, de la stabilité, du durable, du solide.

Couper avec la négativité.

Se défaire de la fausseté.

Alléger son cœur des conflits.

Déposer ses bagages.

Sortir de sa zone de confort.

Être honnête et authentique.

S'engager.

14. Harmonie

Il se guérit après une période de lutte. Il fait la paix avec lui-même. Il cesse de tout prendre sur ses épaules.

Il ne se sent pas encore tout à fait à sa place car il s'inflige des croyances autour du manque. Cette énergie ne lui appartient plus. Il est temps de s'équilibrer.

Et là, la vie lui dépose entre ses mains un cadeau caché ! Il a tant désiré, tant attendu. Il a en envie mais il ne se sent pas encore assez stable. Il a encore besoin de temps. Il arrive à la fin de ses réflexions. C'est le temps de la transition.

Alors, il avance en confiance pour saisir cette opportunité. Cela n'a rien à voir avec ce qu'il a vécu avant. Il écoute son intuition.

La force, le courage, la persévérance, la discipline sont en lui.

Faire la part des choses.

Avancer de manière plus sereine.

Ecouter son cœur et tout s'éclaire.

Message de la Vie : OUI !

15. Du rêve à la réalité

Nouveau départ. Passionnant. De sa passion naît sa création. Il sait pourquoi il se lève chaque matin. Il a toutes les qualités pour franchir tous les obstacles. Il fait de ses rêves sa réalité. Il n'a pas de temps pour le reste. Il est déterminé. Ce qu'il manifeste est très puissant. Fait-il tout cela pour s'échapper des tourments ?

Pour l'instant, il laisse l'amour de côté. Comme s'il n'y croyait plus. Comme abandonné par l'Univers. Comme une forme de mélancolie. Et en même temps, tout est propice à la réunion. Elle ne se fait pas. Il est prêt pour ce moment-là.

Laisser de côté ses doutes.

Ecouter son enfant intérieur.

Ne rien chercher.

Laisser venir.

Tirer la carte chance.

16. Saisir son bonheur

Il se bat pour ses valeurs. Pour ce en quoi il croit. Pour son bonheur. Il manifeste ce qu'il désire. Tout est possible. Il a confiance en lui. Juste, équilibré, déterminé et centré.

Les dernies liens sont coupés : les fourbes, irresponsables, voleurs... Des promesses non tenues. Il est allé au bout du bout. Il tourne le dos. Il remercie pour les leçons et reprend les rênes de sa vie.

Comme il mène la danse et qu'il est très confiant, cela déstabilise son entourage. Alors, il communique, rassure. Et poursuit son chemin.

Il est en conscience. Il reprend de la force. Tout est terminé, tout est transformé. Comme une revanche. Un épanouissement total. Il se surprend lui-même. Il redonne du sens à ce qu'il fait dans sa vie.

Il est prêt à relever tous les défis !

Il est à sa juste place.

17. Aller où le vent le mène

Solide, posé et stable, il est en train de créer un empire. Il se réalise. Il transforme le plomb en or. Il ne craint plus rien. Même la mer déchaînée le stimule. Il a terminé l'apprentissage. Il ne fuit plus. Il ne se fuit plus.

Il a quitté les batailles inutiles.

Son mental est calme.

Il part à l'aventure.

Il va là où la peur le mène.

Il devient le héros de sa propre histoire.

18. Création

Il crée sa nouvelle vie.

Il fait le bien autour de lui. Et il aime cela. C'est instinctif.

Le hic c'est qu'il veut tout faire tout seul. Il ne se rend pas compte de l'importance de faire confiance aux autres. Sinon il ne pourra pas avancer. Car « faire seul » est lourd. Cherche-t-il à prouver sa valeur ?

La vie lui fait comprendre qu'il est impossible de faire tout par soi-même. Qu'il le veuille ou non, il est dépendant des autres. C'est une illusion de penser qu'il peut tout faire tout seul. Il a besoin d'aller vers les autres. De retrouver ce contact avec les autres.

Et laisser les autres entrer dans sa vie. A-t-il peur de l'amour ? Il a surtout si peur d'être à nouveau déçu…

Oui il crée son futur. Et s'il n'y a personne avec qui le partager, à quoi tout cela sert-il ?

Il est temps de demander de l'aide et de l'accepter.

Plus il avance, plus il se rend compte que prouver sa valeur ne sert à rien. Le plus important est de réaliser les objectifs de son cœur : la joie. Aimer les choses pour la joie que cela lui apporte dans l'instant. Pas pour un éventuel résultat hypothétique.

19. Sérénité

Il clôture une affaire après une décision mûrement réfléchie avec beaucoup d'intelligence et de maturité. Le doute disparaît. Tout s'équilibre entre ce qu'il reflète à l'extérieur et ce qu'il ressent à l'intérieur. Fini les nuits blanches, les prises de tête. Il cesse d'y penser et retrouve la paix de l'esprit.

Il se réveille. S'ouvre. Se libère. Se réconcilie. S'élance. Se recentre. Il se motive pour dépasser ses habitudes.

Une nouvelle situation se présente. Tout est fluide. Juste continuer à prendre soin de son corps, de son cœur, de son âme.

Il est heureux, épanoui, dans la gratitude.

Il s'est libéré d'un idéal pour être dans le moment présent, dans la réalité, pour savourer ce que la vie lui offre.

Contemplation.

Clarté.

Connaissance.

Calme.

20. Retour vers le futur

Il regarde le passé. Il cherche des réponses.

Il regarde le passé pour en faire une force. Il ne se voile pas la face même si c'est très dur à encaisser. Il est calme et posé.

Il regarde le passé pour s'y balader (expériences, histoires…), pour le comprendre.

Revenir dans le présent.

Construire son futur.

Un futur plein de potentiels.

21. Quand tout bascule

Il est sûr de lui. Il est en maîtrise. C'est intense. Réconciliation. Prendre son temps. Fort et courageux. Il a beaucoup d'amour à donner et à recevoir. Maturité. Capacité. C'est ferme et décidé pour aller vers la joie. Il protège ce bonheur.

C'est dingue comme un message peut tout changer. Peut tout faire basculer... et la vie prend d'autres couleurs, une autre saveur.

Ne plus se sous-estimer. Ne plus se dévaloriser.

Trouver l'équilibre entre travail et plaisir.

Epanouissement.

Être heureux dans sa vie.

Comme une idée d'aimer.

22. Le vent tourne

Transition, transformation, couper le fil qui le retient au passé. Aller vers le bonheur l'esprit serein. Faire la paix avec une période douloureuse. Il règle une situation qu'il avait tendance à fuir : il trouve les mots justes, expression claire. Compromis.

Il fait la paix avec l'amour.

Son cœur est apaisé et grand ouvert.

Il apprécie le chemin.

Il met de la magie dans son quotidien.

Il tend la main aussi vers ceux qui en ont besoin.

Ça lui donne un sentiment de réconfort.

C'est le moment d'y croire...

23. Coup de foudre

Il se pose. Se questionne : où veut-il aller et que veut-il faire ?

Il laisse derrière lui tout ce qui ne fonctionne plus. C'est un peu difficile à vivre car il a fait tout ce qu'il pouvait, et il réalise que, même si tout cela était utile, la meilleure décision qu'il peut prendre est de tout abandonner. Il accepte la foudre du changement. Elle détruit pour mieux reconstruire.

La vie était devenue trop sérieuse.

Il veut vibrer.

Passer à l'action

S'investir. Passion. Désir.

Envie d'aller de l'avant.

Dans la joie.

Se rééquilibrer.

24. S'aimer

Beaucoup trop de personnes se comparent les unes aux autres. Lui, il veut, en toute simplicité, accepter la pleine version de lui-même. Il veut cesser d'être son propre saboteur, de faire preuve de trop de méchanceté envers lui, de se rabaisser, d'être son pire juge. Juste apprécier et reconnaître ses qualités : ce qui fait de lui un être merveilleux. Prendre conscience de ce qu'il est déjà. Et ne plus regarder ce qui lui manque. Ne plus se concentrer sur ce qui n'a pas fonctionné. Il est plus fort que les évènements. Il a de la valeur. Ses voix intérieures ou les critiques extérieures ne le déterminent pas.

Il prend conscience qu'il a besoin de briller, de sortir de son armure, casser sa carapace. A trop se protéger, il s'empêche d'être heureux et empêche les autres de bénéficier de sa lumière.

Mettre en pratique ses qualités.

Mettre en place ses idées.

Passer à l'action.

Faire un pas en avant.

Commencer…

25. Don't give up !

Il est sur un nouveau départ. Il est un guide pour lui-même. C'est un noble conquérant. Vivre avec ses principes. Avec ce qu'il a dans le cœur. Il sonde à l'intérieur de lui. Il affronte sa propre contradiction. Il prend conscience de sa force et y trouve l'équilibre. Il garde son axe quoi qu'il arrive. Il sort des chemins tout tracés, des chimères. Il n'appartient à aucune religion, dogme ou organisation. Il est en quête de lumière, de vérité.

L'épuration continue : tout ce qui est à l'extérieur est comme ce qui est à l'intérieur.

Son plus grand luxe : la paix de l'esprit.

Garder foi en lui-même.

Ne pas abandonner.

Juste se reposer.

Le but du voyage est de ne pas avoir de destination.

26. Il y a du changement dans l'air !

Surtout ne pas y résister.

Laisser se porter par la vie.

Il sait. Il ressent. C'est le moment pour avancer. Pour se rouvrir. Pour être en paix. Être bien avec lui. L'esprit tranquille.

Il dépasse une étape. Il est stable. Mature émotionnellement. Il avance l'esprit serein par rapport à la personne qu'il est aujourd'hui.

27. Coup de pouce du destin

Il reprend le pouvoir sur une situation qui manquait de sens, où il se sentait un peu démuni. Il veut avancer. Il voudrait que cela aille plus vite. Il y a un cadeau dans l'air. Ne pas se laisser bloquer par la peur. Ne le dire à personne. Sortir de sa zone de confort. Ca frappe fort ! Un nouveau commencement, faire peau neuve, comme un sou neuf. Il est très réfléchi pour se mettre à nu, se dévoiler. C'est très stable. C'est très différent de ce qu'il a fait dans le passé. Il est prêt à se renouveler et à montrer quelque chose de nouveau de lui-même. Beaucoup d'intuition. Energie très féminine. Une direction s'offre à lui. Un grand pas dans le vide. Ne pas avoir peur de lui-même, de ses profondeurs, de ses émotions. Et couper avec les chaines invisibles du mental. Il évolue pour aller vers quelque chose de très épanouissant. Il retient encore un peu ses émotions. Il attend de voir. Il prend son temps...
Être à l'écoute de lui-même, de son cœur.
Après avoir longtemps réfléchi, il peut parler.

28. La voie du bonheur

Il est prêt à faire un saut dans le vide, se redécouvrir, décider de qui il est et de qui il a envie de s'entourer.

Il dépasse ses peurs afin de trouver cet espace de paix intérieur qui lui permet de laisser la personne qu'il était dans le passé au passé et aller de l'avant en étant plus serein.

Il commence à voir les résultats des efforts qu'il fait sur sa manière de penser. Il trouve un espace en lui non pas pour nourrir des questions qui le font tourner en rond mais un espace pour trouver les bonnes questions : qu'est-ce qui le rend heureux ? Qu'est-ce qui le tire vers le haut ? Le motive ?

Il relève la tête. Il a confiance. Il poursuit sa route. Il est dans le présent. Il reconnait quand il se met dans des états de souffrance émotionnelle. Et s'en libère. C'est un exercice quotidien : être en conscience de ses faits, gestes, pensées...

Il se donne le droit de s'épanouir

29. Le choix

Il s'est senti trahi. C'est pénible et douloureux.

Il a, autour de lui, des personnes qui argumentent tout le temps, ne l'écoutent pas, n'ont que faire de ce qu'il pense. Il a beau usé de toute sa diplomatie, il est en face de personnes qui veulent juste avoir raison. Le genre d'individus qui ne se rendent même pas compte de leur façon de faire et ne veulent rien entendre.

C'est une lutte de pouvoir à laquelle il ne veut pas participer.

Ne pas tomber dans la revanche.

Il sort de la souffrance, reprend soin de lui, se nourrit de l'intérieur, apprécie sa vie, ce qu'il mange, ce qu'il fait, des personnes qu'il fréquente. Il revient à quelque chose de plus sain.

Il s'éloigne de tout ce qui le ramène à nourrir et ruminer des pensées qui ne vont pas l'aider, ni lui apporter une réflexion saine.

Il décide de s'affirmer.

Il sait ce qui est bon pour lui.

Il connaît ses valeurs.

Il évolue.

Sa quête : la paix de l'esprit

Avancer en tout sérénité.

Guidé par sa divinité.

30. La coupe d'amour

L'énergie qui le transporte est celle du nouveau départ. Il va sauter de la falaise. Il a déjà parcouru tant de chemins. Accompli tant de voyages pour redémarrer à zéro avec un niveau de conscience à chaque fois plus affinée.

Il se libère des attachements du passé. Cette énergie est mise de côté. Calmer sa hargne au combat.

Une nouvelle conception des choses. Une nouvelle envie. Quelque chose nait à l'intérieur de lui. Quelque chose qui lui permet de laisser son cœur si longtemps maintenu dans la glace de fondre. Il ne veut plus de l'insatisfaction. Il s'allège. Il a découvert une nouvelle façon de voir la vie. Ce ne sont plus les biens matériels qui le motivent. C'est la transmission, l'amour... Faire quelque chose qui a du sens et apporter sa pierre à l'édifice.

Il cesse d'être sur la défensive par rapport aux attentes des autres. Il dit non. Il coupe court. Il est libre, authentique et vrai. Il sait exactement ce qu'il veut. Il prend les rênes de son destin en main. Pendant longtemps il s'est refusé d'avancer vers son désir le plus profond.

Il veut se réaliser avant tout. Destinée. Rester confiant.

Il aiguise ses atouts, son savoir, sa connaissance dans ce nouveau monde.

Il vit la plus grande aventure de sa vie.

Les étoiles brillent.

Le chemin s'éclaire.

31. Révélation

Son environnement est agréable. Mais un petit quelque chose lui manque. Il en a marre des relations qui n'évoluent pas. Qui tournent en rond. Réflexion profonde sur ces stagnations.

Il accepte que les choses changent. Un cap à passer.

Le feu renaît de ses cendres.

Discussions cœur à cœur.

Mains tendues. Tendresse.

Intuition et émotions jouent un rôle important.

Ecouter les murmures de son cœur.

32. Quand le vœu devient réalité

Il enferme le diable dans une boite. Il n'en parle plus. C'est fini. C'est bouclé. Il passe à autre chose. Il se libère. Va vers de nouvelles aventures. Il est ouvert. Communique.

Il croit en ses rêves. Il est guidé par sa bonne étoile. Amour de soi. De l'amour à offrir.

Il est maitre et créateur de sa vie. Il est en action. Il est reboosté. Retrouvailles. Festivité. Ca l'apaise. Tout est possible. Nouveau feu intérieur. Renaissance.

Il récolte des graines qu'il a plantées.

Le chemin est libre, limpide.

Il a la foi.

Il est serein.

Il se sent bien.

A sa place.

Il s'ouvre au bonheur.

Les mots sont inutiles...

33. Elance-toi !

Il est en train de tisser des liens très forts. Rendez-vous. C'est le bon moment. Avoir confiance en soi. Se sentir suffisant. Prendre le temps de se découvrir pour appréhender les étapes de vie. C'est épanouissant, riche, partage, tendresse, émotions, belle connexion.

Il reste à l'écoute de ses ressentis pour ne plonger ni dans la dépendance, ni dans les excès. Un peu de doutes par rapport au passé, à la distance et à ses habitudes.

Mais l'envie de découvrir et de se lancer dans quelque chose qu'il n'a pas l'habitude de faire est très séduisant.

Prendre le risque.

Accepter le changement.

Parler à cœur ouvert.

L'histoire se met en place.

34. Le presque poème

Il a une belle vitalité, une belle dynamique. La fougue. Passionné.

Il n'a plus envie de réfléchir, de se prendre la tête. Légèreté.

Il prend soin de lui. Envie de plaire. Profiter de la vie.

Festivités.

Changement de plan inattendu.

Une prière entendue.

Un chemin s'ouvre.

Juste envie d'être heureux.

35. La mort – La renaissance

Discussions assez houleuses.

Il défend ses valeurs au sein de sa famille. Il fournit des efforts pour une bonne entente. Prendre sur lui afin de ne pas créer de conflits. Préserver l'harmonie.

Accepter que tout le monde ne puisse avoir le même avis. Le même point de vue. Que son mode de vie n'est toujours pas accepté. Reproches. Arriver à être au-dessus de tout cela. Ne pas insister. Lâcher prise par rapport à l'ego. Le mental peut mettre des œillères et refuser le pardon.

Et soudain tout se rééquilibre.

36. Fierté

Plutôt que de ressasser le passé et d'être dans une énergie de stagnation où il nourrit des doutes, des craintes, il utilise ses expériences passées pour créer. Utiliser ses émotions pour en faire une œuvre. Il expérimente la vie. C'est en se relevant de difficultés qu'il évolue : réflexion, nouveau discernement, se poser des questions... et de là naissent les idées.

Cette régression émotionnelle l'amène à se dire : « je vais souffrir, cela ne va pas fonctionner ». C'est juste un cap. Il a la capacité de dépasser ce complexe d'infériorité (manque, ne pas être assez, ne pas être à la hauteur, se sentir inférieur). Il est soutenu.

Il s'offre l'opportunité d'aller vers un nouveau projet. Il a tous les outils entre les mains. C'est un rêve d'enfant qui refait surface. C'est clair dans son cœur. C'est une évidence.

C'est un regain au niveau de l'esprit. C'est limpide : « Allez, je me lance ».

Ce n'est pas de la prétention, c'est de la fierté. C'est la nuance. Il est fier, se sent satisfait du chemin parcouru et se dit : « Voilà où j'en suis aujourd'hui et c'est déjà bien » VS « Je vais en rajouter, je vais en faire des tonnes parce que je ne me sens pas assez et j'ai besoin de la confirmation du monde extérieur pour me valider ».

Changement de perception.

Evolution émotionnelle.

Faire la paix.

Faire face.
Libération.
Relever la tête.
Vas-y ! Fonce !

37. La Terre promise

Il s'allège. Il ne veut plus être dans les regrets, la souffrance.

Il garde le passé comme une expérience qui lui a permis d'évoluer. Aujourd'hui il imagine les beaux jours qui lui restent à vivre. Avec toute la bienveillance, tout l'éveil qu'il a emmagasiné. C'est le chemin de tous les possibles. La Terre promise.

Il établit de solides fondations. Il comprend enfin qu'il est important de se choisir en premier. Il met ses peurs de côté. Tout ce qu'il pensait être des imperfections chez lui.

Il sort des conflits avec les autres et surtout avec lui. La paix d'esprit. Vivre en concordance avec ses valeurs.

Tout vient se clarifier dans sa tête et dans son cœur.

Il comprend sa valeur, qui il est.

38. Se choisir

S'éloigner ou se rapprocher ? Ce sera son choix.
Le principal est qu'il se sente bien, en sécurité.
Sortir du combat.

Il est la personne la plus importante. Ce que les
autres pensent, il s'en fout : se retrouver avec lui-
même avant tout. Tant de trahisons, de
blessures, de conflits avec les autres et surtout
avec lui-même. Il a besoin d'air, de respirer,
d'élargir son champ de vision, de prendre du
temps pour lui et avec les personnes qu'il aime.
De vivre l'instant présent sans se soucier de
demain. Plus rien ne lui fait peur. Il met de côté
le réconfort, l'approbation qu'il peut recevoir. Il
n'en a plus besoin pour avancer. Plus besoin
d'être apprécié, reconnu. Tout cela il se
l'apporte. La principale personne à aimer, c'est
lui. Il sait ce qui est bon pour lui. Quand son
intuition lui dit qu'il est temps d'y aller, alors il y
va.

Il a acquis de l'expérience, de la sagesse. Moins
d'impulsivité, plus de compréhension. Il est dans
sa vérité, sa construction, paix, harmonie. C'est
de l'acquis et rien ni personne ne pourra les lui
enlever. Le bonheur, il le veut et il va aller le
chercher.

Sa force, il la tire de ses blessures, de ses
expériences.

Quand il a un coup de blues, il replonge dans les
bons moments qu'il a vécus. Ca lui redonne du
baume au cœur et lui permet de rester dans
l'amour.

Quand il rayonne, quand il sourit... c'est l'énergie qu'il transmet et qui lui revient.
Être vrai, authentique, honnête, spontané.
Sortir du quotidien, faire des folies.
Se lâcher.
Le chemin est le bon.
Chaque jour est une bénédiction.

39. C'est comme ça et pas autrement !

Les idées, la créativité fusent.

Envie de nouveautés.

Il manifeste en lui beaucoup d'énergie.

Envie de s'investir.

De faire plaisir.

Il a un but, une cible à atteindre.

Rien ni personne ne l'arrêtera.

Envie d'une aventure, d'une nouvelle passion.

D'avancer, de progresser.

Il est prêt pour une nouvelle vie.

Il est déterminé.

Nouvelle façon de fonctionner. D'être. D'agir.

Vivre autre chose.

Il est conscient de la réalité des faits : tout ne se fera pas en un claquement de doigts.

La patience est nécessaire.

Tout est clair.

Prise de conscience des erreurs à ne plus recommettre pour avancer.

Force, pouvoir, puissance.

Se protéger.

Protéger toutes les personnes qu'il aime.

Prospérité.

Foi.

Amour.

40. Le bon aiguillage

Il se remplit d'une énergie de sagesse pour dépasser une notion de « il n'est pas à la hauteur, il n'a pas assez, il va manquer de, il va être rejeté ». Il se sent perdu, comme un peu secoué par la vie. Il ne sait où aller.

Identifier ce qui le fait souffrir.

Se redonner confiance. Nourrir à l'intérieur de soi une graine qui lui permet de redevenir joyeux, riche, abondant, heureux.

Il fait non seulement la paix par rapport à un environnement jaloux, conflictuel, compétitif mais aussi des idées bloquantes, limitantes.

Il retrouve sa direction. Il croit en son destin. Le bon en avant.

Le changement amène de la nouveauté. C'est juste et équilibré. Un bouleversement total et général. Il ne pourra pas y échapper. Il dépasse ses peurs.

Croire en ses rêves.

Construire.

Rien ne sera plus jamais comme avant.

41. L'appel du cœur

L'amour s'installe dans sa vie.

La compréhension de cet amour lui apporte de la sérénité. C'était la pièce manquante du puzzle.

Une vague de tranquillité se love à l'intérieur de lui. Il est à sa juste place. Il est aligné.

Une naissance en son cœur. Comme une évidence. A partir de ce moment-là, tout voit le jour. Tout se met en place. C'est fluide.

Cette prise de conscience est atypique. Il emprunte un chemin qu'il ne connaît pas. Il s'est autorisé à ouvrir cette porte. Même si ce n'est pas tout à fait dans les cadres qu'il s'était imaginé.

Son essentiel c'est l'amour. Il prend conscience de l'ampleur de la naissance. Le champ des possibles se met en place. Voir plus loin, plus grand. Il ressent qu'il va beaucoup apprendre. Se faire confiance. Faire confiance à l'impulsion, à ses ressentis, à sa vibration et voir où ça le mène.

A partir du moment où il suit l'amour qui l'appelle, il tourne le dos à la rigidité de penser, sa prison dorée, un dogme. Ce n'est pas que c'était mauvais. Ça l'a aidé dans le passé. Ce dogme lui a permis de guérir. Ça l'empêchait juste de voir plus loin.

L'appel du cœur lui permet de prendre la direction de sa vie.

Il accepte sa naissance, la trajectoire.

Il se réconcilie avec lui-même.

Il prend conscience de son potentiel.

42. La différence

Entre la réalité et ce en quoi il croit, il y a une différence. Il a besoin de comprendre cette nuance avant de se décider, de se lancer afin de ne plus reproduire les erreurs du passé.

Malgré les doutes, il n'avance plus à l'aveuglette. Sans savoir où il va. Ce schéma-là il le connait. Aujourd'hui il sait où il met les pieds.

Il est très sensible, compatissant, honnête avec ce qu'il ressent : il observe, écoute, analyse et comprend. Il comprend que cette nouvelle vie qu'il veut se fera en ouvrant davantage son cœur et en exprimant ce qu'il ressent.

Il met un terme à une façon de penser. Il s'est rendu compte que ça ne le menait nulle part.

Il se laisse alors guider par ce qui lui tient à cœur, par ses désirs les plus profonds. Il sait qu'il est sur le bon chemin. Il a compris que son silence n'est pas la solution. Il a trop gardé pour lui.

Il en a assez des jalousies, médisances, regard des autres car ces personnes-là ne comprennent pas « pourquoi cette force en lui, pourquoi il change... ». Si ces gens savaient par quoi il est passé... peu importe... Il reste sur ses objectifs. Il ne fait plus de compromis. Il préfère partir. Il ne cherche plus la réconciliation.

43. No limit

Se réunir.

Echanger.

Rester ouvert.

Accueillir le monde.

Conscientiser sa richesse intérieure.

Partager.

Donner.

Recevoir.

Rester ouvert au champ des possibles.

Sortir de l'impasse.

Trouver la porte de sortie.

Se laisser déstabiliser.

Renforcer le socle.

Enraciner.

Nourrir.

Être nourri.

Prendre conscience que sa perception des choses est le reflet de son monde intérieur.

Echouer n'est qu'une façon de pouvoir changer de route. Expérimenter.

Trouver le bon chemin.

Croire au meilleur.

Décider.

Happy end.

44. La vérité est ailleurs

Il a besoin de retrouver un équilibre. Il ouvre les yeux afin d'amener une certaine justice, justesse à tout cela. Il prend de la distance. Il se sépare. Il ne partage plus les mêmes valeurs. Il ne s'y retrouve plus dans la manière de faire, d'être de certaines personnes. Il comprend l'effet miroir. En quoi s'est-il trahi ? Ou part-il avant pour éviter la trahison ? Par un réflexe de peur, a-t-il créé le contexte où il prend de la distance en pensant équilibrer la situation ? Son avis est-il biaisé par la peur ou est-ce réel ? Il suit ce qu'il ressent...

Que veut-il ? Soit il laisse sa part de lumière prendre le dessus en niant sa part d'ombre. Ce n'est pas la solution. Soit il regarde la réalité en face. Les répétitions dont il prend conscience sont là pour lui montrer qu'il n'accepte pas son ombre. Ca le dérange. Ca chatouille. Ca blesse. Donc prendre de la distance pour éviter la trahison n'est pas la solution.

Il ne peut nier que l'extérieur crée des dynamiques. Lui seul peut décider d'y participer ou non. Là est sa responsabilité.

Cet environnement est le reflet de quelque chose en lui. Qu'est-ce que cela réveille ? Comment peut-il changer cette dynamique pour être mieux ? Pour lui. Et lui seul. Pas pour changer l'autre. Non non. Se servir de l'autre pour savoir où il en est, lui.

Au plus il accepte sa part sombre au plus il l'utilise pour mettre ses limites et pour savoir ce qu'il veut. Plus il va être connecté à cette part, plus il va la reconnaître de manière intuitive et vibratoire et donc ne plus l'attirer.

45. Il n'a plus de temps à perdre !

Il a tout pour commencer une nouvelle aventure.
Il est connecté. Il a la connaissance pour mener
ses projets à terme. Ses idées sont claires. Il sait
ce qu'il veut. Il a envie de construire.   Pour
l'instant il ne vit pas encore son rêve. Ce n'est pas
encore le moment. C'est en préparation. Ca
mijote à feu doux. Patience...

Est-il en charge de son destin ? Oui et non. C'est
très difficile pour le cerveau de conceptualiser
ceci. Car le cerveau interprète tout en termes de
mesure. Cela ne peut être compris de façon
intellectuelle mais il peut le ressentir à l'intérieur.
Tout est déjà écrit dans les étoiles.

Il a fait son choix. Il ne renoncera pas à la victoire.
Il a du chemin à accomplir avant. Il part vers
l'aventure, guidé par les étoiles.

Il n'a jamais été en isolement (absence de
l'autre). Il a été en solitude (présence à lui-même)
par choix et pendant un certain temps. Le temps
de l'introspection.

Il s'ouvre au monde. Il est heureux, indépendant.
Il n'attend plus rien du passé. Il a subi abandon,
silence et laisser pour compte. Il a été sali, vendu,
trahi. Il n'est pas à plaindre car cela l'a rendu plus
fort et plus déterminé que jamais. Depuis il a
accompli beaucoup. Il n'en est pas encore
satisfait. Pourquoi ? Car il est devenu guerrier.
Tant qu'il n'a pas atteint le sommet de la
montagne il ne sera pas satisfait. Voilà la
puissance que son passé lui a apportée.

Quoi qu'il arrive, il avance.

Accomplissement de soi.

Plus personne ne viendra lui faire perdre son temps.

Son temps est ce qu'il a de plus précieux.

L'instant présent.

Il a pris conscience de sa valeur.

Se libérer du connu.

Rien à prouver.

Sortir de la matrice.

Rien à faire.

Juste être.

S'unifier.

46. Sésame, ouvre-toi !

Il ouvre les yeux et quitte l'obscurité. Tout est possible s'il garde la foi. Il croit en la magie de la vie. Il se libère de ses pensées limitantes. Alors pourquoi ses angoisses ? Pourquoi ses insomnies ? Il craint de dire sa vérité. Prendre un risque pour tourner une page. Et reprendre son pouvoir. Se regarder dans le miroir et s'aimer. Dépasser ses peurs. Dire les choses. Se positionner pour pouvoir avancer.

Cela demande du courage.

Sortir de sa grotte.

S'affirmer.

Faire face.

Dire non.

Et la route s'ouvre...

47. La clef

Il ne se contente plus de rêver, d'observer « ce qui pourrait ou ce qui ne pourrait pas », to be or not to be. Il laisse son esprit à l'imagination, il s'ouvre à la créativité. Bien sûr il y a des risques, parfois de l'indécision. Mais s'il écoute les battements de son cœur, il y a toutes les raisons pour que ses rêves deviennent un jour réalité.

Il se libère de sa surprotection. Il pense parfois trop au futur. A trop se projeter, il oublie de vivre le moment présent. Il recherche à l'intérieur de lui tout ce qui lui fait mal et le fait souffrir. Ce n'est pas parce qu'il va prévoir et se surprotéger qu'il va empêcher les choses d'arriver. Il ne ferait que reculer et in fine bloquer tout ce qu'il a envie de réaliser. Alors, comme le vent qui chasse les nuages, il souffle sur cette surprotection qui le blesse et l'empêche d'avancer. Et elle disparaît.

Il comprend et accepte qu'il est la clef. Faire ce qui lui plaît. Oser ce premier pas. Il reprend le dessus. C'est son pouvoir. La serrure est là, face à lui. Que faire de cette clé ? Ouvrir ce cadenas pour se libérer de ses chaines ou continuer à contempler cette clé sans bouger et ne rien faire ? Il a des projets, des envies : créer, partir, construire. Il va le faire. C'est sa décision. Son choix.

Il est lumineux. Il est prêt à offrir, à donner. Pour lui. Pour les autres. Il est capable de s'investir. Il sait que l'Univers lui met sur son chemin tout ce dont il a besoin pour évoluer.

Clic… et les chaînes tombent.

48. L'amour sous toutes ses formes

Il évolue. Il passe un stade de maturité. Le contexte est là. Il est prêt. Son cercle amical, son socle, l'aide dans cette évolution. C'est un soutien.

Une réponse à un vœu. Il n'avait pas tout à fait prévu que cela se passe ainsi. Ce n'est pas un obstacle. Juste une situation à prendre en considération et à dépasser.

Ca lui tombe dessus... limite ce n'est pas le bon moment. Ses amis lui disent : « Il y a un temps pour tout. Ne passe pas à côté de cette opportunité. »

C'est très positif. Et chamboulant. Il n'avait pas prévu cette étape pour aller là où il veut. Regarder la situation sous tous les angles. Remettre les choses en perspective. Maintenir l'équilibre dans ses énergies. Rester sur son axe. Laisser être.

La protection qu'il maintient encore n'est plus nécessaire. Vieux réflexe. Obsolète. Car il a grandi. L'estime qu'il se porte lui permet de dépasser tout ça. Si l'Univers lui envoie cela, c'est que c'est ok pour lui maintenant.

Il a beaucoup œuvré sur ce sujet, de son plein gré et par la force des choses.

Il est temps d'acter dans la matière. De le faire. De le vivre.

Il est temps de refaire confiance.

49. Le voyage intérieur

Quelques semaines de répit et... nouvelle étape de vie : il continue de se délester. Il éclaire l'ombre par la lumière. Il affronte les épreuves avec force et détermination.

Il sort d'une période confuse : incertitude, doutes. Il a dépassé les eaux troubles. C'est plus calme. Il est plus serein. Il se restabilise. Il a pris le temps de guérir, de rééquilibrer ses énergies, de prendre soin de lui. Il accepte que le changement se fait dans la douleur. Il ne se précipite pas. Il digère toutes les informations.

Il regarde en face ses peurs. C'est la fin. Transformation. Il décide de la personne qu'il veut être aujourd'hui. Il ne se laisse plus guider par ses peurs d'enfant. Il se déligote.

Un grand, un beau bouleversement a lieu. Un vœu enfoui, un vœu auquel il n'osait plus croire s'exauce. L'Univers lui dit que cela va secouer. Il sait que c'est pour le mieux. Ca le bouscule. C'est surprenant.

A cœur vaillant tout est possible.

50. Le temps nécessaire

Maintenant il est temps de se positionner, d'y aller. Il a évalué la situation. Il a pris tout le temps nécessaire car il était important qu'il se sépare d'idées, de croyances limitantes, de manières d'agir et de façons de penser. Laisser pour aller vers autre chose. Choisir c'est renoncer. Il a pris ce temps pour rester aligné avec ses valeurs.

Il est de plus en plus poussé vers ce qu'il l'appelle. Il ressent la passion, le feu sacré. C'est de plus en plus compliqué de la contenir. Plus elle prenait de la place et plus elle mettait en lumière ce qu'il était important de libérer. Il sait que cet appel est son chemin d'équilibre. Cet appel est viscéral. Rien ne va l'arrêter.

Il avait besoin de comprendre. De ne pas agir sur un coup de tête. Ce temps lui a permis de s'harmoniser car il a été pris par surprise. Au début, il a dû comprendre, maîtriser, dompter ce feu intérieur. Le temps lui a permis d'apporter l'harmonie. Il ne fait qu'un avec ce feu. Il fait corps. Il concrétise dans la matière.

Son égo lui a dit souvent : « Non non n'y va pas. Ça fait peur ! T'as pensé à ci ? T'as pensé à ça ? » Cet égo qui tourne et retourne juste le connu. Et allez… on rejoue en boucle la même scène… encore et encore… et encore !

Comme il acte, il dépasse la peur. Il dépasse l'illusion du mental.

Il ne se rejette plus.

Il s'accepte dans son entièreté.

L'Amour prend le dessus.

51. Gratitude

Il voit une situation dans sa vie évoluer de manière juste incroyable ! Ca lui fait du bien. Il est heureux d'avancer vers ça.

Il voit naître dans la matière tout ce qu'il a mis en place, nourrit, aimé, choyé... c'est là. Devant ses yeux. Il est émerveillé. Il est acteur et spectateur. Il a enfanté et il continue d'enfanter. Plus il voit naitre et plus il a envie de faire naître. C'est une énergie qui s'auto-alimente...

Et cette situation lui montre aussi qui est avec lui et qui sont les jaloux et les envieux... et allez... il continue l'élagage !!

De toutes les façons au plus il est dans cette énergie au moins il a le temps d'accorder de l'importance à cela.

Merci et aurevoir !!

Ca ne l'atteint plus.

Il est imperméable.

Il est aux commandes.

Et ce n'est que le début !

Il sait...

Gratitude pour ceux qui l'apprécient, l'aiment et le soutiennent.

52. Voyage intérieur

Il s'évade. Il s'autorise à souffler. Il sait qu'il est temps de prendre du recul car s'il ne le fait pas il va passer à côté d'un élément important. Quelque chose de porteur. Regarder d'une autre manière. Même si pour l'instant, ce n'est pas super agréable, même s'il ne comprend pas, il ressent que dans cette situation il y a quelque chose à en tirer pour un équilibre futur. Ce n'est pas super chaotique. Ca tranche ! Il n'est pas en mode résistance, ni réfractaire. Il sait qu'il va tirer son épingle du jeu. C'est un tremplin.

Il a expérimenté et bien appris ses leçons, cela lui permet d'être en conscience face à cela. Il saisit sa chance et la transforme. La chance ose, la chance est une opportunité. Il est remis sur le chemin. Cela revient sur le tapis. C'est un appel régulier. Il est prêt.

Il lâche les derniers résidus dans la matière.

Il tourne le dos à tout ce qui ne lui permet pas d'exprimer de manière entière le respect qu'il s'accorde.

53. Tout devient clair !

L'équilibre revient. Un regain d'énergie. Il est prêt à embrasser le changement. Il sent la force pour acter cette évolution. C'est un élan qui lui fait pousser des ailes, le transporte... Qui l'amène là où il veut aller. Le goût de la vie. Cadeau. Il regarde le monde de manière différente.

Retour à soi de façon plus mature.

Il partageait son énergie avec une situation dans laquelle il était pieds et poings liés. Il comprend que ce moment avant le retour à l'équilibre était nécessaire pour guérir de manière définitive une part d'ombre afin de revenir à soi. Il s'en rend compte : « ça y est, j'ai passé une étape ».

Le poids se retire de ses épaules. Ouf ! Il peut lâcher. Il récupère cette énergie pour aller vers ce qui l'anime. Il fonce. Il agit. Il est dans l'action. La passion. Le mouvement. Il a beaucoup d'idées. De pensées. Ça fuse. Ça bouillonne. C'est vitalisant. Vivifiant. Puissant. Cela ne s'arrête pas aux idées. Non. Cela va beaucoup plus loin. Il se donne les moyens de mettre en pratique. Il est déterminé à aller jusqu'au bout de ses envies. L'important n'est pas que cela convienne aux autres ou qu'il y ait un retour. Il n'attend rien de personne. Ce qui est important c'est qu'il aime ce qu'il fait, que cela lui apporte joie et bonheur.

Tout part de son cœur.

Il est comblé.

Ces choix sont issus de sa propre inspiration.

Il est sur son chemin.

Vivre sa destinée.

Il retrouve son espace sacré.
Il se rencontre.

54. Son humanité

Il se considère chanceux dans la vie. Il sait aussi saisir sa chance. Il ose. D'une manière ou d'une autre. Comme un appel. Le compromis lié à cette chance se fait de manière naturelle. A travers la parole. Il a besoin d'exprimer sa vérité car jusqu'à présent il ressentait un sentiment de culpabilité. Il ne veut rester là-dessus. Sinon rien n'avancera. Il veut libérer ce sentiment. Pour aller vers la transformation.

En libérant, il crée sa chance.

L'Univers le pousse à vivre cette expérience.

Il ne peut plus nier l'évidence.

C'est inexplicable.

C'est la réponse à un vœu.

Il impulse.

Il va aller chercher ce qu'il mérite.

Aligné. Juste. Valorisé.

Il enfonce le clou.

Plus rien ne sera comme avant.

Rien...

55. Faire la lumière

Tout s'éclaire. Révélation. Evidence. Intuition.

Jusqu'à présent cela lui semblait injuste. C'est ainsi qu'il le vivait. Il comprend que rester dans l'injustice ne l'aide pas. Nouvelle manière de voir les choses. Nouveau positionnement. Percevoir la vérité derrière une situation.

La vie n'est pas injuste avec lui. Elle le protège. Elle le prépare à autre chose. Afin qu'aujourd'hui il puisse être ok avec ses valeurs. Il prend des décisions. Prise de risque. Il était important qu'il passe par là. Il comprend aussi qu'à travers ses expériences il renforce son lien avec les autres.

Dès qu'il a eu cette inspiration, ce fut comme un tremplin.

C'est le début du nouveau cycle.

Il n'est plus en salle d'attente.

Il y va.

Avec foi.

56. Quand l'égo prend toute la place

Il sait que cela fait partie de son chemin de vie, de sa destinée. C'est une chose qu'il porte en lui. C'est l'accomplissement. Il a une forte intuition. Tout son être lui dit : « c'est par là ». C'est à la hauteur de son ambition. La seule personne qui a de la difficulté à y croire, c'est lui. Car tout lui dit que c'est le bon chemin et son égo lui mène la vie dure. Là il n'est pas utilisé comme un moteur. Il prend le dessus. Il regarde son auto-saboteur : peur, angoisse, incapable, pas le bon moment, culpabilité... tout ce qui vient mettre des contradictions. Avoir conscience des risques c'est ok : égo équilibré. Là il est bloqué : mode autruche, fuite, se voiler la face, l'entêtement...

Il décide de prendre le dessus. De dépasser cet état d'esprit. Il remet l'égo à sa juste place. Ça suffit !

Il s'est préparé à cet événement toute sa vie.

Moment clé.

Cesser de rester aveugle.

Ouvrir les yeux.

Revenir à ses valeurs.

57. Le monde ne sera plus jamais comme avant

Il est prêt pour le grand voyage. Pour l'instant, il tait ses sentiments. Il est important d'abord qu'il aille chercher le calme en lui. Il a envie d'aventure. De braver les océans. Il sait ce qu'il a envie de faire.

Il quitte le monde du paraître pour être. Réalisation authentique, profonde et en accord avec ses principes. Il ne veut plus répondre aux attentes de la société.

Il part vers son voyage intérieur. Il ne craint pas le danger. Beaucoup de lieux n'ont pas été explorés sur cette planète et dans son cœur. C'est une grande aventure avec pour destination : l'Amour.

Fort, solide, confiant, concret et durable.

Il se connecte au Tout.

Il est le Tout.

Il vit dans l'Amour.

Il est Amour.

Niveau de conscience éveillée.

Voir les choses telles qu'elles sont.

Il est guerrier : revendiquer sa vérité.

Il change le monde car il change son monde.

L'ancien monde de mensonges est derrière lui.

Le nouveau monde est à l'intérieur de lui.

Il est heureux dans sa vie par lui-même, autonome et indépendant.

L'essence de la vie est l'apprentissage.

La vie est le plus grand des maîtres.

Il a appris à s'écouter. A ne plus subir.

Se concentrer sur lui-même, sur sa réalisation.
Laisser la Source gérer.

58. Elle et/est II

Elle attire l'abondance. Elle s'aime. Elle se choisit. Les énergies ont évolué. Elle n'a jamais été séparée de sa flamme jumelle. Elle est sa flamme jumelle.

Elle manifeste. Elle épure. Elle pardonne. Elle est lucide. Clarté.

Elle est dans la prise de décisions. Expansion. Bouleversement. Être en accord avec ses principes.

Elle accepte ce défi de façon calme et sereine.

Elle est ouverte à la communication, aux partages. Elle aime parler et partager avec un maximum de personnes. Elle n'est pas focalisée sur son masculin.

Elle est ouverte à toute opportunité.

Elle est proche de la Source. Elle déploie ses ailes.

Elle a compris sa divinité et sa toute-puissance.

Elle ouvre les portes d'un nouveau monde.

Elle lève le voile de l'illusion. Elle commence à comprendre ce qu'est la vérité.

Elle a compris avec humilité qui elle est. Authentique. Vraie. Stable. Au diapason avec la vie. Elle est sortie de tous les schémas, de toutes les attentes de la société. Elle ne fait plus partie du troupeau.

Elle a été à la rencontre de son monde. Elle a vécu beaucoup de choses. Elle s'est fait la guerre pour trouver la paix à l'intérieur d'elle-même. Elle utilise ce savoir pour transmettre. Elle continue à apprendre.

A présent, elle veut voir si « il » est capable. Elle veut savoir où « il » en est. Elle a beaucoup de questions à lui poser.

Il combat avec lui-même, sa famille, sa culture, ses conditionnements. Il est déchiré. Il s'en veut. Il comprend qu'il a obtenu ce qu'il voulait en « la » trahissant. Il est entré en guerre avec lui-même. Il s'est renié. Il a perdu tout ce qui avait un sens dans sa vie. Il est dans un cercle de souffrance sans fin.

Il est en train d'encaisser toute la douleur grâce à l'état d'esprit d'Elle. Elle est son plus grand défi.

Il veut devenir masculin pour sa féminine. Il ne reviendra qu'à ce stade-là. Il sait que la féminine ne choisira qu'un masculin.

Pour l'instant il ne peut avancer vers elle. Alors que c'est en partageant avec elle qu'il pourra prospérer.

Il apprend l'humilité. Il se purifie.

Il se réveille d'entre les morts. Il sait qu'elle est sa place. Il ne peut plus vivre dans une société malade. Il va tout quitter pour se diriger vers elle. Il met sa vie en ordre pour partir et la rejoindre. Il s'affirme.

Pour l'instant il ne révèle pas ses sentiments. Cela devient difficile de se taire. Il a envie de s'exprimer. Il ne sait pas comment faire.

Revenir vers elle et lui dévoiler tout son amour. Ne plus craindre de témoigner sa flamme. Elle est prête à recevoir sans vaciller.

Il ne veut pas retrouver l'amour.

Il veut la retrouver, Elle.
Fusion. Couple divin.
Et leur vibration élève le monde.

59. Accueillir ses émotions

Il comprend que lorsqu'il accueille toutes ses émotions, il peut, avec plus de facilité, prendre des décisions et passer à l'action.

Il ne peut compter que sur lui. Il est seul dans son combat. Seul à prendre des décisions. Seul pour avancer dans sa vie. Il n'a besoin de personne. De l'aide lui a été proposée, il a dit non. C'était tentant. L'expérience lui fait comprendre il n'est jamais aussi bien servi que par lui-même. Voilà pourquoi il avance seul. Il n'est plus question de faire de sacrifice pour qui ou pour quoi que ce soit. Ce qui est important c'est le confort qu'il s'apporte.

Il n'est plus question de se mentir ou de se cacher. Il regarde le passé et se détourne. Il agit avec force et courage. Il reste fier. Battant. Il se montre tel qu'il est.

Les retrouvailles ont eu lieu. Il a été très tranchant et à imposer sa volonté. Que l'autre soit ok ou non n'a pas eu d'importance. Il agit en fonction de ce qui est bon pour lui. Si réconciliation, elles seront calmes. Réapprendre à se redécouvrir. Les émotions doivent être partagées, en osmose. Et si l'autre n'est pas ok pour le suivre, il se détournera et prendra son envol tout seul. Conversation cœur à cœur. Discussion honnête.

Les décisions communes ont été muries et réfléchies. Il envisage la réconciliation. Il comprend qu'il doit y aller étape par étape. Une marche après l'autre. Ils ont besoin de dialoguer afin de savoir quoi mettre en place pour avancer avec douceur. Sans trébucher. Y voir plus clair.

Ils sont prêts à s'engager.

Ils ont envie de tout croquer ensemble.

Ils prennent leur envol.

60. Maintenir le cap

Il avait un objectif. Sans savoir lequel. Il était appelé dans cette direction. Endurant et ambitieux, il a fait au fur et à mesure. La plupart du temps de manière inconsciente. Pas à pas. Jour après jour. Il a fait face à la difficulté. Il a tout vécu. Cela a mis en lumière tout ce qu'il était important de faire évoluer.

Cinq ans... la cycle aura duré cinq ans... Ce fut un moment pour se donner du temps, ce dont il avait besoin : amour, attention, considération aux émotions, recentrage, sécurité intérieure... temps d'apprentissage. Ca y est, la paix est retrouvée. La transformation dans la matière a pris le temps.

Il laisse ce qu'il y a à laisser. Il lâche les derniers résidus : croyances, schémas, relations, manières de penser, d'agir... se sont écroulées. Il a parfois donné des coups de pieds dans la fourmilière. Ce fut très inconfortable. Par fierté ou par égo, il a bien souvent failli abandonner. Il a maintenu le cap. Il est allé au bout du bout du bout de ce qu'il a entrepris. Il a ramassé les gravats pour reconstruire dessus. Propre. Carré. Limpide. Clair. Il se fait confiance. Sa sécurité n'est pas dans les possessions puisque tout peut s'écrouler. Sa sécurité est intérieure. Le but atteint n'est pas ce à quoi il s'attendait.

Son positionnement a changé, les liens avec les autres aussi : prendre, donner ou recevoir...

Il trouve sa place dans le monde. Il est aligné. Il le constate.

Son plein potentiel se met en place. Il ne le connaît pas encore.
Il devient la personne dont il a besoin.

61. 3... 2... 1... go !

C'est la fin d'un voyage...

Il en entame un autre avec toutes les leçons assimilées.

Il a acquis de nouvelles armes et a appris à s'en servir.

Il s'est apprivoisé.

Il a découvert sa vérité.

Le monde de la névrose est derrière lui.

Démarrer cette nouvelle étape.

Il est prêt. Il avance.

Nouvelles rencontres, habitudes, façons de voir la vie.

Il s'allège. C'est une de ses forces.

Tout se passera bien s'il ne prête pas attention à ce qu'il appelle ses défauts. Ses imperfections sont sa perfection.

Il se libère du passé. Il le ressent dans la matière.

Il sonde ses sentiments. Il se réalise.

C'est quand il arrête de chercher la réponse, qu'elle apparaît.

62. Le passage

La vie lui propose une nouvelle expérience pour progresser. C'est une étape supérieure. Cela ne tient qu'à lui. Aujourd'hui lui est offert la possibilité d'agir de manière différente.

Face à cette situation et surtout face à lui-même, soit il se fait happer par la peur, laisse parler son auto-saboteur, soit il dépasse cela et fait grandir l'amour en lui. Il veut aller voir. Il accepte cette part d'inconnu. Il a conscience du risque. Il décide de faire croître l'amour en lui. Il sait qu'il a guéri, avancé, évolué, appris. Il sait qu'il est « armé » pour s'ouvrir à sa vulnérabilité.

A partir du moment où il est dans ces vibrations d'amour intérieures (notion de « je mérite », « j'ai de la valeur », « j'ai confiance en moi »), il attire à lui les personnes, les situations qui vibrent à la même fréquence que lui.

Face à ce passage, il sait qu'il va renforcer ses liens à l'autre.

Il a eu des doutes. Est-ce pour de la souffrance ? Et si c'était pour du meilleur ? Il laisse les scénarios les plus noirs de côté. Il capitule face à l'ego. Afin de vivre l'expérience. Laisser être. Il est digne de vivre des choses à la hauteur de ce qu'il donne.

Il ancre jour après jour pour du long terme.

Une nouvelle conscience grandit en lui.

Il laisse entrer cette nouvelle énergie.

Ça se consolide dans la matière.

Il s'autorise... et sa vision change.

63. Être en amour

Il est passé du lâcher prise à laisser être. Ce n'est pas ne rien faire, c'est juste cesser de contrôler les évènements, les autres, accepter les choses telles qu'elles sont, cesser de résister. C'est se recentrer sur soi pour comprendre ce qu'il y a à comprendre et laisser la place à l'Univers pour œuvrer. Cela permet de vivre la résilience.

Avec cette énergie du « laisser être », il a mis de côté les schémas récurrents. Chaque situation a une raison d'être. Il n'est pas responsable de tout ce qui se passe. Il voulait que cela s'arrête alors il a cessé de faire toujours la même chose.

Il accueille les opportunités qui se présentent à lui. Il a conscience de ce qui est utile pour lui afin de manifester, de transformer. Ses intentions, son énergie, ses pensées ont changé. C'est sa force à présent. Peu importe le domaine.

Il est tombé en amour de lui, de la vie. Rouvrir son cœur. Montrer sa vulnérabilité. Accepter de recevoir. Déployer ses ailes. Prendre son envol. S'affranchir de ses peurs. Être en gratitude. Ressentir la grâce. Ressentir son imperfection et l'assumer. Être dans sa pleine puissance.

Son cœur est guéri.

64. Action !

Ce qui compte pour lui c'est ce qui est concret, dans la matière. Il a envie de se faire plaisir, de rayonner, de partager avec des personnes enrichissantes, constructives. Il s'investit pour réaliser ce qu'il veut. Pour la stabilité, le confort, le bien-être dont il a besoin. Il ne perd plus de temps. Il faut qu'ça bouge !!

Tout est possible, tout est réalisable à partir du moment où il le veut. Même si cela prend encore un peu de temps, cela arrivera car il est déterminé. C'est là qu'il met son énergie. Tout est question de choix, de décisions prises. Et tout va bien.

65. Il ne se sentait pas prêt

Il prend de la hauteur. Il voit la situation sous un angle différent. Grâce à cette perceptive, il dépasse un cap. Il pose un acte fort, il se positionne, une nouvelle manière de faire. Il reste loyal envers lui-même. Il écoute l'appel.

C'est une belle réconciliation entre ce qu'il pense, ressent et fait. Entre ce qu'il vit et l'énergie qu'il y met. Il cesse de culpabiliser sur ses choix. De s'auto-flageller.

Il a conscience que ses décisions impactent d'autres personnes. Et même si aux yeux du monde, cela peut paraître risqué, pour lui c'est ok. Il est guidé. Il est sur son chemin.

Il a tout entendu : « tu nous trahis », « nous ne t'imaginions pas ainsi »... Peu importe, en expliquant ce qu'il ressent, les personnes qui l'aiment reviendront dans l'amour. La seule personne qu'il trahit s'il ne le fait pas, c'est lui. Les autres n'ont pas conscience du miroir qui leur est tendu.

Il a beaucoup appris. Sur lui. Sur les autres. Il accède à un savoir qu'il n'avait pas avant car il ne s'était pas positionné.

La confiance en soi se cultive en faisant des choix. Cercle vertueux.

66. Le retrait

Il se prépare à un nouvel engagement. Et pour l'instant, il prend une distance forcée. Cela lui permet de se plonger dans son for intérieur. Il y a une réflexion sur ses envies, sur son futur par rapport à son quotidien. Une réflexion profonde sur ses désirs, ses rêves, comment les réaliser, comprendre où il en est. Temps de repli. Ce moment est une bénédiction. Après il se confrontera à la situation et saura alors comment s'engager. Cela prendra le temps nécessaire pour monter en conscience. Digestion. Qu'en faire ? Même si c'est une évidence, il a de la difficulté à transformer. Alors, il laisse infuser. Ce n'est pas qu'il n'en est pas capable. Ce n'est pas le moment.

Evolution de pensée.

Grandir.

Mûrir.

S'engager.

La route est tracée.

Et il comprend la raison du décalage temporel.

67. La croisée des chemins

Comme un voyageur qui a longtemps marché, il s'est arrêté au milieu du carrefour afin de se reposer, choisir sa destination.

Son choix est fait. Ne plus jamais se retourner. Ni revenir en arrière. Ce serait une malédiction.

Il a fait la paix avec lui. Là où il va, la dualité n'existe pas. Il quitte le superficiel pour aller vers l'authentique. Il saisit sa chance. Tout est chance. Il s'en rend compte. Il ne garde que les bons souvenirs. L'espoir l'a trop fait souffrir. Il quitte l'espoir pour avancer vers la foi. Avec tous ses acquis. Il n'attend plus. Ce qu'il veut c'est manifester en accord avec sa vibration. Il prend les devants.

Tout ce qu'il poursuit, s'éloigne.

Tout ce qu'il cherche, se cache.

Il cesse de se poursuivre.

Il cesse de se chercher.

Il a trouvé sa juste mesure.

Il prend conscience de qui il est.

La lumière est projetée sur l'ombre.

L'être solaire apparaît.

68. Joie de vivre

Au centre de sa vie : le bonheur. Satisfaction. Sécurité. Abondance. Bien-être. Equilibre. Fierté de ce qu'il a créé, manifesté. Il se sent bien dans sa peau. Il se trouve beau. Il nage dans ce bonheur car il a été raisonnable, il a grandi, il a plongé dans ses profondeurs. C'est acquis. C'est en lui. Il a compris. Il a su demander de l'aide. Merci à ces personnes. Tout ce qu'il a, tout ce qu'il est, il ne le doit qu'à lui. Il ne s'est pas laissé abattre par la difficulté. Il s'est battu pour obtenir ce qu'il veut. Persévérance.

Il se fout de ce que cela va donner dans l'avenir. Il a envie d'être tranquille dans sa tête. Il ne veut plus s'encombrer de questions inutiles. Ce qui arrivera demain, arrivera demain. Il vit l'instant.

Fin de périodes difficiles. Coupure de liens néfastes. Après des mois de retrait dans sa grotte, il est à nouveau accessible pour ceux qu'il aime.

Il attire à lui tout ce dont il a besoin.

Récompense !

Le retour de l'amour ?

69. Le plongeon

Emergence. C'est caché, profond. S'il y fait face, il comprendra que sa peur, et tout ce qu'il met dessus, est moins importante que ce qu'il s'imagine. Au contraire. Comme des ombres dans la nuit. Au jour, elles paraissent anodines.

Il y a encore un blocage entre ce qu'il met dans la matière, la réalité et ce qu'il ressent et ses limites. Ses limites émotionnelles ralentissent sa créativité. Il met tout l'amour possible dans sa vie. Laisser émerger tout ce qu'il y a à mettre en lumière et surtout les peurs.

L'ombre met en lumière ses angoisses. Il plonge, plonge, plonge... c'est dark. Il laisse tout émerger. Il s'imagine les pires scénarios. Mais ne s'y abandonne pas. Ne s'abandonne pas. Il ne se laisse pas tomber. Et là surgit sa créativité. Il gravit une nouvelle marche pour la paix de l'esprit.

Atteindre son équilibre énergétique, intérieur et extérieur avec le monde.

70. Entre illusion et certitude

Perception juste pour lui. Il y a un effort à fournir.

Lui vs lui.

Ca va être sport car cela nécessite de procéder de manière différente à son habitude. Auto-analyse. Une conscience à poser. Pourquoi la vie lui offre un tel cadeau ? L'emballage le dérange. Et c'est ce qui le déstabilise qu'il est important de dépasser afin d'évoluer. Ce qu'il n'accepte pas dans ce cadeau, c'est justement ce qui lui permet de comprendre la facette qu'il n'accepte pas de lui.

Jusqu'à présent, ce n'était pas le moment. Il a repoussé l'échéance tant qu'il a pu. Là il le prend en pleine face. Il sait que s'il ne passe pas le cap aujourd'hui, cela reviendra demain.

L'égo le protège. C'est son rôle. Sauf s'il prend trop de place et lui fait croire que c'est de l'intuition. Il accepte l'ouverture du cœur. Trouver l'équilibre. Il remet alors l'égo à sa place, à son service pour être un moteur puissant.

Il avait tout bien planifié. Et paf ! Virage à 360° ! Son plan du départ était bon. Mais il a avancé, évolué. Nouveau plan. Ca chamboule.

Ouvrir son cœur et lui faire confiance.

S'ouvrir à une nouvelle dimension.

Au subtil. A l'autre.

Suivre son intuition.

S'apprécier à sa juste valeur.

S'accepter dans son entièreté.

71. Poursuivre son rêve

Il a déjà les ailes pour s'envoler et la cage est ouverte. Il va sortir de sa cage. Il s'approche de la porte. Déploie ses ailes. Il est prêt. Il a appris. Il a appris à être en solitude, en présence de lui-même et être guidé par sa propre lumière.

Il manifeste sagesse, concentration, stabilité.

Se choisir.

Dire sa vérité.

Suivre son cœur.

Il pardonne et oublie.

Recommencer.

Il sait ce qu'il a à faire.

Le moment est venu.

Cesser de rêver sa vie.

Vivre son rêve.

Envol.

72. Bien-être

Il croit en son avenir. Il est serein. Malgré les aléas de la vie. Rien de gênant. Il prend tout cela avec beaucoup de douceur.

Il a besoin d'être seul. Pour réfléchir. Se ressourcer. Se cajoler. S'occuper de lui. Retrouver son équilibre. C'est ainsi qu'il peut se consacrer à ses projets et à ce qu'il veut faire.

Ce repos est nécessaire. Se couper du monde. C'est ainsi qu'il évolue et avance dans sa vie. Il ressent moins le besoin de se soucier des autres. Sa priorité c'est lui.

73. Le bilan

Il ne veut plus faire de sacrifices. Peu importe le domaine. Surtout pour des personnes fausses. Il met de côté les gens ignorants. Ceux qui ne le comprennent pas. Ou qui viennent l'attaquer. Immatures. Il a bien compris que cette énergie est néfaste pour lui. Il ne cherche plus de solutions quand cela ne le concerne pas. Ou d'essayer d'arrondir les angles. Non. Il se tait, il s'éloigne. C'est la seule solution. Pour être tranquille.

Il croit en lui, en ce qu'il fait et pense. Il s'investit dans tout ce qui peut le nourrir dans l'instant et pour sa vie future. Le reste... que les autres soient d'accord ou pas n'a vraiment mais alors vraiment aucune importance.

Il vise autre chose.

Force et volonté.

Le livre a été lu.

L'expérience est terminée.

Fin.